Hermann Maier
Ich gehe meinen Weg

HERMANN MAIER
Ich gehe meinen Weg

Die einzige autorisierte
Biographie des Olympiasiegers

Aufgezeichnet
von Michael Smejkal

Deuticke

Inhalt

	Vorwort	7
TEIL I.	HOFFNUNGEN UND RÜCKSCHLÄGE	
	Ein Beginn in memoriam Rudi Nierlich	11
	Schüler, Maurer, Zuckerbäcker	19
	Der Weg nach Château-d'Oex	27
	Endlich im Weltcup – und keiner bekommt es mit	39
	Der Ernst des Lebens oder Ski-Alltag	43
	… und noch mehr Lehrgeld	57
TEIL II.	ERSTE ERFOLGE	
	Wunderski und Abfahrtsstreit	67
	Die Geburt einer neuen Abfahrts-Generation	75
	Val-d'Isère: der rote Strich	81
	Fahren wie die Kannibalen	93
	Heimspiel	99
	Maier und Kitzbühel: Willkommen im Chaos	105
TEIL III.	DIE GOLDENEN TAGE VON NAGANO	
	Auf in die Ungewißheit	113
	Poker um die Startnummern	119
	Freitag der 13. Februar	125
	Der Kampf gegen die Zeit	129
	Auch wenn er abhob wie ein Geier	151
TEIL IV.	MEIN TRAINING	
	In der Kraftkammer	163
	Tips und Hilfen im Training	167
	Und was kommt jetzt?	169
	Das einzig richtige Doping: Erfolg	173
	Direkte Rennvorbereitung	175
	Einzeltraining versus Training im Team	179
TEIL V.	VON FLACHAU NACH L. A.	
	Mein Flachau	185
	Hermann – wie ihn die anderen sehen	205
	Die Tage bei Arnie	211
ANHANG		
	Statistik + Daten	218
	Glossar	227

Ein Beginn in memoriam Rudi Nierlich

Es begann mit einer jener Zufälligkeiten, über die man in seinem weiteren Leben nicht mehr viel nachdenkt, die aber doch so vieles verändern können. In die Nähe von Flachau war damals nämlich ein Servicemann der Schuhfirma Lange zugezogen. „Der kommt mir gerade recht", dachte ich, „probiere ich einmal etwas anderes." Ich war bis dahin immer Tecnica-Skischuhe gefahren, die andere Marke kannte ich nur aus Erzählungen. Gesagt, getan. Ich fuhr zu dem Servicemann und erklärte ihm, daß ich ab jetzt mit seiner Marke fahren werde. Das klang gut. Er war zwar etwas verblüfft, weil ich ja in keinem Kader war und auch dem Nationalteam nicht angehörte, aber offensichtlich war ich so überzeugend, daß er mir ein Paar Skischuhe gab.

Das war im Dezember 1993. Zu diesem Zeitpunkt war ich bereits 21 Jahre alt. Das ist ein Alter, in dem andere schon ihre ersten Weltcup-Rennen gewonnen haben. Der Pepi Strobl etwa gewann im Dezember 1994 die Abfahrt von Val-d'Isère. Da war er zwanzig Jahre und neun Monate alt. Mit 21 haben manche schon ihre erste sportliche Krise zu überwinden. Und in diesem Alter haben andere Skirennläufer schon solche Knieverletzungen hinter sich, daß sie sich ernsthaft über die Fortsetzung ihrer Karriere Gedanken machen müssen. Bei mir war von alledem keine Spur. Ich war 21 und hatte nur diesen einen Traum: Skirennläufer zu werden.

Mit dem Lange-Schuh hatte ich dann praktisch auch mein Ausrüstungspaket komplett. Mit den Skiern war ich immer zufrieden, ich fuhr von Beginn an nur Atomic. Die passenden Schuhe hatte ich jetzt auch, obwohl ich sie gar nicht kannte und eigentlich noch nichts über sie sagen konnte. Mein alter Spyder-Rennanzug war zwar nicht mehr taufrisch, aber er paßte, und das war das wichtigste. Das passende Rennen stand auch schon vor der Türe: der Rudi-Nierlich-Gedächtnislauf auf der Postalm bei Strobl. Einen Tag vor dem Rennen probierte ich dann den neuen Schuh aus – das kann kein Nachteil sein, dachte ich mir. Er paßte mir zwar gut, aber wirklich zurecht kam ich damit noch nicht. Trotzdem fuhr ich mit dem neuen Material zum Rennen.

Das war schon etwas besonderes, alleine wenn man beim Aufwärmen schon die ganzen Rennfahrer-Kollegen sieht. Da waren der Michael Tritscher, der Thomas Sykora, der Sigi Voglreiter – alle, die im Weltcup vorne dabei waren.

Ich hatte wie immer eine hohe Nummer, aber wirklich wichtig war mir nur der Vergleich zum Salzburger Landeskader und zu den jungen Läufern. Mit den Top-Fahrern wollte ich mich gar nicht vergleichen. Das Resultat war dann, daß ich der beste Läufer hinter den Nationalteamfahrern war. Der Sigi Voglreiter wurde Erster, dann kamen Heli Mayer, Sykora, Walk, Tritscher, und auf Rang sechs landete ich. Alex Reiner, der Präsident des Salzburger Landes-Skiverbandes, hatte das so eingefädelt, daß das Fernsehen und die Fotografen auch da waren. So wurden die lokalen Medien darauf aufmerksam, daß es da einen Hermann Maier gab.

Leider habe ich den Rudi Nierlich nie persönlich kennengelernt, ich erlebte ihn nur einmal bei einem Rennen. Das war die Landesmeisterschaft bei uns in Flachau, und da stand auch er auf der Startliste. Ich war 16 Jahre alt und natürlich beeindruckt. Es war die Zeit, in der ich gerade aus dem Landeskader geflogen war. Damals hatte Rudi Nierlich praktisch keine Gegner. Er kam einfach so ohne Besichtigen an den Start und fuhr beinahe ohne anzutauchen weg. Das brauchte er nicht, er machte alles mit seiner Technik. Er fuhr ganz locker wie im Training hinunter und gewann trotzdem überlegen.

Wir alle steigerten uns damals furchtbar hinein, er blieb ganz ruhig. Das faszinierte mich immer. Er war ein Spitzensportler, der auch noch andere Dinge machte; er trainierte hart, aber er konnte ebensogut abschalten. Er wußte, wann es Zeit war zu feiern und ab wann nur mehr das Training und der Rennlauf zählten. Er mußte auch nicht über alles und jedes stundenlang

Vorwort

Gespräche mit Hermann Maier bargen stets ein überraschendes Element in sich. Das war schon so in seiner Anfangsphase, als er wie eine Figur, die es, streng genommen, gar nicht geben darf, plötzlich eben doch am Start stand. Das war auch so in Flachau 1996, als sich alle um den wundersamen Vorläufer kümmerten, der aber alle Gratulationen abwehrte: „Mir ist beim Skifahren schon soviel passiert, ich nehme das eher gelassen."

An ein Gespräch erinnere ich mich besonders gut. Der Saisonstart auf dem Grande-Motte-Gletscher oberhalb von Tignes in den Savoyen stand an. Es war Ende Oktober 1997, draußen hatte es unglaubliche 16 Grad, doch im noblen Hotel der Österreicher wurden schon um drei Uhr nachmittag sämtliche offene Kaminfeuer angeheizt. Das entsprach offenbar dem Chalet-Stil des Hauses. In kurzen Hosen und T-Shirt glich er eher einem Sommerfrischler als einem Skirennläufer. Ich begann das Gespräch mit der zugegeben nicht sehr originellen Frage nach seinen Saisonerwartungen. Die Antwort war um so origineller: „Weltcup-Sieger", sagte er ganz trocken. Es war die Saison, in der alle auf Hermann Maier warteten: Ist er nun jenes sagenhafte Talent oder nicht? „Weltcup-Sieger?" antwortete ich durch und durch verblüfft. „Legst du dir da die Latte nicht ein bißchen hoch an? Was bleibt da noch: Olympiasieg in Nagano, oder?" – „Ja", meinte er ganz selbstverständlich und strahlte dabei. „Und Olympiasieger. Mir bleibt ja nicht mehr viel Zeit. Ich bin 25, ich habe noch die Spiele in Nagano und in Salt Lake City 2002. Heuer Weltcup-Sieger und Olympiasieger, im Jahr darauf Weltmeister in Vail. Ich muß noch einiges aufholen."

Am nächsten Tag belegte er zum Saisonstart Rang drei, der erste Weltcup-Leader hieß Josef Strobl. Bei der Abfahrt im U-Bahn-ähnlichen Schacht vom Gletscher in den Retortenort Tignes traf ich Österreichs Alpin-Sportdirektor Hans Pum. Ich erzählte ihm von dem Gespräch tags zuvor. Er lächelte nur. Beim Aussteigen sagte er: „Der Hermann ist heuer ganz heiß."

Michael Smejkal

reden, er spürte einfach, worum es ging. Das bemerke ich heute auch an mir. Ich muß nicht über alles ewig lang diskutieren. Lieber probiere ich etwas, und wenn es nicht klappt, mache ich es am nächsten Tag einfach besser. So habe ich mich ihm ein bißchen wesensverwandt gefühlt.

Aber zurück zum Nierlich-Lauf. Als ich damals nach dem Rennen im Ziel stand, dachte ich mir: Warum bin ich da nicht dabei? Früher war es mir immer nur um Nachwuchskader oder Europacup gegangen, keines von beiden hatte sich verwirklichen lassen. Doch an diesem Tag Ende Dezember 1993 spürte ich nach langer Zeit wieder einmal: Es könnte doch noch funktionieren.

Am nächsten Tag ging es gleich weiter. Ich fuhr nach Schladming, denn dort gastierten die Profis. Sie wurden allerdings vom internationalen Ski-Verband FIS streng boykottiert. Es gab zwei Serien: den alpinen Weltcup und die Profi-Serie in den USA. Die Schladminger fielen damals aus dem Weltcup-Kalender, ich glaube, sie wollten den Ski-Verband und die FIS ein bißchen ärgern, indem sie sich um ein Profi-Rennen bewarben. Zu Winterbeginn hatte ich eine Ausschreibung zugeschickt bekommen, und mein Vater meinte, ich sollte doch einfach mitfahren. Ich war zwar anfangs nicht überzeugt davon, aber trotzdem trat ich an. Im letzten Moment hätte ich es mir fast noch einmal anders überlegt, denn da mußte man ziemlich viel Nenngeld zahlen, ich glaube, es waren 500 Schilling. Das war mir zuviel, ich wollte nicht fahren, aber letztlich meldete ich mich doch an.

Ich war schon vorher ziemlich nervös. Klar, die Profis, die nur für den und vom Skisport leben, die fast alle schon vorher im Weltcup gefahren sind, und ich als der unerprobte Herausforderer. Bei der Auslosung wurde mir kein Gegner zugeteilt. Normal fährt man ja bei den Profis gegeneinander, aber ich hatte keinen Gegner, weil es sich im Raster nicht anders ausgegangen ist. Also dachte ich mir: Das wäre auch nicht gut gegangen, denn ich weiß ja nicht einmal, wie ich da leistungsmäßig liege oder wie die im Parallelrennen so fahren, welche Tricks die draufhaben. Nach der Qualifikation war ich Elfter. So, dachte ich mir, jetzt wirst du Profi.

Im Ziel standen dann schon wieder die Nationalteamfahrer vom Österreichischen Ski-Verband. Die hatten in der Ramsau ein Trainingslager und kamen zum Zuschauen vorbei, denn mitfahren durften sie ja nicht. Dort traf ich auch den Christian Mayer wieder, mit dem ich in der Ski-Handelsschule in Schladming gewesen war. Ich sah ihn zum ersten Mal nach fünf, sechs Jahren, und es gab mir fast einen Stich ins Herz. Was bei dem in dieser Zeit geschehen war, was der erreicht hatte – und was hatte ich erreicht? Er war im Team, er war in den Medien präsent, er kaufte sich große Autos wie andere Sakkos. Bei mir hingegen lief relativ wenig.

Beim Rennen hatte ich durch meine Plazierung 17.000 Schilling verdient, und das war absolut unglaublich. Erstmals verdiente ich beim Skifahren Geld, bisher hatte ich ja nur bezahlt, für Liftkarten, für die Ausrüstung und so weiter. Mit den 17.000 Schilling hätte ich schon ein Flugticket in die USA bekommen. Damit hätte ich dort die Profi-Serie weiterfahren können. Aber letztlich ging mir das alles viel zu schnell, ich hätte von heute auf morgen aufbrechen müssen.

Der Kader

Der Skisport weist eine Kuriosität auf, mit der nicht alle Sportarten dienen können: Er ist Einzel- und Mannschaftssport zugleich. „Das macht die Sache nicht leichter", befindet Toni Giger, Trainer der Weltcup-Gruppe, der auch Hermann Maier angehört. Weniger höflich formuliert, könnte man sagen: gemeinsam trainieren, getrennt siegen. „Das ist nicht ganz so falsch", gesteht Giger ein, „zumal die Gruppendynamik im Skisport nicht unterschätzt werden darf."

Wieder anders formuliert: erst in den Kader, dann in den Weltcup. Denn im Unterschied zur PGA-Tour im Golf oder zur ATP-Tour im Tennis kann im Skisport kein Sportler als Einzelperson nennen. Das heißt, der Schweizer, der Deutsche oder der Österreichische Ski-Verband nominieren ihre Läufer pro Rennen.

Die Anzahl der Läufer bekommen die Verbände je nach Erfolgen und Weltcup- beziehungsweise FIS-Plazierungen zugestanden. Somit ist die Antrittsvoraussetzung für den Ski-Weltcup eine Kader-Zugehörigkeit. So mußten jene Läufer, die sich mit einem Verband überworfen haben oder ihren Lebensmittelpunkt verlegt haben, zur Fortsetzung ihrer Karriere erst einen anderen Verband finden und vom bisherigen Verband die Freigabe bekommen. Der bekannteste Läufer, der den Verband wechselte, war Marc Girardelli: Im Vorarlberger

Lustenau geboren, ging er mit seinem Vater früh eigene Wege und startete fortan für Luxemburg, dessen Staatsbürgerschaft er auch annehmen mußte. Nach ihrer Heirat wechselte etwa auch die Tirolerin Katrin Gutensohn zum DSV; sie gewann schließlich in ihrer langen Laufbahn gleich viele Rennen für Österreich wie für Deutschland.

Der Österreichische Ski-Verband (ÖSV) strukturiert seine Kader wie folgt: Nationalmannschaft, A-Kader, B-Kader, Nachwuchskader und daneben noch den Landeskader.

In der Regel steigen Läufer in Jugendjahren in den Nachwuchskader ein, durchlaufen diesen und finden sich am Ende im B-Kader. Von dort steigen sie je nach Erfolg auf oder ab.

Am Beispiel der ÖSV-Struktur für die Saison 1998/99 sieht dies wie folgt aus:

Alpin-Direktor:
Hans Pum

Cheftrainer Herren:
Werner Margreiter

Weltcup-Spartentrainer
Abfahrt:
Robert Trenkwalder

Super G / Riesentorlauf:
Toni Giger

Slalom:
Fritz Vallant

Europacup:
Reinhard Eberl

Nachwuchs:
Jürgen Kriechbaum

ÖSV-Nationalkader Herren alpin

Nationalmannschaft
EBERHARTER Stefan
FRANZ Werner
KNAUSS Hans
MAIER Hermann
MAYER Christian
REITER Mario
SALZGEBER Rainer
SCHIFFERER Andreas
SCHILCHEGGER Heinz
STANGASSINGER Thomas
STROBL Josef
SYKORA Thomas
TRINKL Hannes

A-Kader
ALBRECHT Kilian
ASSINGER Roland
GREBER Christian
GRUBER Christoph
HOLZKNECHT Norbert
ORTLIEB Patrick
RAICH Benjamin
RZEHAK Peter
SCHÖNFELDER Rainer
STROBL Fritz
VOGLREITER Siegfried
WIRTH Patrick

B-Kader
BUDER Andreas
DIETRICH Claudio
EGGER Pierre
ENGL Kurt
GSTATTER Manfred
HERBST Reinfried
MATT Mario

PICHLER Christian	KAMMERLANDER Martin
SEER Florian	KANDLBAUER Jürgen
STAMPFER Ronald	KORNBERGER Christoph
STOCKER Martin	KRÖLL Klaus
STRASSER Karl	LANZINGER Matthias
UZNIK Daniel	MARINAC Martin
WALCHHOFER Michael	POPPERNITSCH Robert
	REITER Hannes
Nachwuchs	STREITBERGER Georg
ALSTER Christoph	SCHILD Josef
GRAGGABER Thomas	DREIER Christoph
GRUBER Manfred	

Von da an war ich im Spiel.

Es dauerte gar nicht lange, bis sich der österreichische Verband meldete. Es war im Januar 1994, und vor der Haustüre, in Altenmarkt-Zauchensee, stand ein FIS-Rennen auf dem Programm. Ich fuhr hin, direkt zur Mannschaftsführersitzung, und wollte mich melden. Das hatte bis zu der Zeit meist mein Vater für mich übernommen, denn mir war es schon zu blöd geworden, daß ich jedesmal um einen Start betteln mußte. Rückblickend glaube ich, daß mir zu diesem Zeitpunkt das Skifahren gar nicht mehr so wichtig war. Aber nach dem Nierlich-Gedächtnislauf hatte ich wieder Lust bekommen, und aus irgendeinem Grund wollte ich genau bei diesem Rennen in Zauchensee starten.

Ich fuhr also nach Zauchensee und wollte mich anmelden. Auf einmal sagte der FIS-Delegierte, daß das gar nicht ginge, ich sei gesperrt, weil ich bei den Profis mitgefahren war. Da erinnerte ich mich an ein Schreiben des Verbandes. Es handelte von Profis und Sperre für FIS-Bewerbe, so genau hatte ich das gar nicht gelesen. Mir fiel zu dem Zeitpunkt nichts besseres als eine Notlüge ein: „Das stimmt nicht", sagte ich, „der Maier, der mitgefahren ist, das war der Heli Mayer aus Kärnten. Ich habe damit nichts zu tun." Wahrscheinlich war ich ihnen zu unwichtig für eine weitere Diskussion, und so wurde ich eben mit ausgelost.

Am nächsten Tag war ich wie immer mit der letzten Startnummer am Start, ich hatte ja kaum FIS-Punkte. Die jungen Läufer waren alle vor mir dran, weil die im Landeskader waren. Als ich dann endlich an der Reihe gewesen wäre, kam ein Funkspruch herauf: Hermann Maier darf nicht starten, er ist gesperrt. Daraufhin antwortete ich ganz ruhig: „Ich gehe nicht vom Start, da bringt mich keiner mehr weg." Der Startrichter war natürlich auch verwirrt, aber ich kannte ihn, er war nämlich aus Altenmarkt. „Na gut", sagte er, „dann fahrst halt."

Ich war unter den besten Fünfzehn, und im zweiten Lauf ließen sie die Führenden zuerst starten. So kam ich gleich am Anfang dran, und im Ziel war ich vorne. Die Führung hielt sogar recht lange. Das war ein ziemlich gutes Gefühl. „So, jetzt hast du es gezeigt. Du kannst es doch noch." Während die anderen Läufer einer nach dem anderen herunterkamen, wünschte ich mir innigst: „Vielleicht gewinnst du heute, vielleicht klappt es heute, dann können sie dich nicht mehr übersehen."

Letztlich reichte es dann doch nicht, ich wurde Fünfter. Aber dann ergab sich noch eine kuriose Szene: Ein Fahrer, der ausgefallen war, schwang im Zielauslauf ab und kam direkt zu mir mit den Worten: „Bist gut gefahren, Hermann, aber leider hast eingefädelt. Schade darum."

Da reichte es mir. Ich rannte zu den Trainern und beschwerte mich, daß es ein Wahnsinn sei: Erst wollte man mich gar nicht starten lassen, dann behauptete man, daß ich ausgeschieden sei. Was wollte man eigentlich von mir, warum behandelte man mich so?

Da war es mir dann klar, daß ich schon abgeschrieben war, daß man mich nicht im Team haben wollte. Trotzdem behielt ich die Ruhe, weil ich einfach spürte, daß es irgendwie weitergehen würde. „Geh doch nach Amerika zu den Profis", rieten mir einige meiner Freunde damals. Aber das war nicht meine Idealvorstellung – als Neuling in den Profi-Zirkus, so einfach hatte ich mir das auch wieder nicht vorgestellt. Ich fuhr am Abend nach Hause, und auf der Fahrt dachte ich mir: Rennfahren war ein Traum, und das wird leider so bleiben. Ich hatte wenigstens noch ein anderes Standbein: Ich war Maurer.

Schüler, Maurer, Zuckerbäcker

Mein Traum vom Skifahren hat eigentlich viel früher begonnen. Die ersten Rennen bestritt ich während der Volksschulzeit. Das ergab sich einfach so, denn bei uns daheim war Skisport etwas ganz Selbstverständliches. Die Eltern führten eine Skischule, in der Freizeit gingen wir Ski fahren, am Sonntag fuhr ich bei den Kinder- und Jugendrennen mit, und so war es schließlich nur logisch, daß ich nach der Volksschulzeit auf die Ski-Handelsschule Schladming wechselte. Das System der Ski-Haupt- und -Handelsschulen ist europaweit ziemlich einzigartig. Im Winter konzentrierst du dich auf das Skifahren, im Sommer holst du in der Schule den Stoff nach. Wenn beides klappt, hast du am Ende einen Beruf und bist obendrein in einem ÖSV-Kader.

Die Handelsschule konnte ich aber nicht abschließen, denn zu dieser Zeit begannen meine Wachstumsstörungen. Erst traten Knieschmerzen auf, dann konnte ich fast keinen Sport mehr betreiben. Anfangs dachten die Ärzte, es sei nur eine vorübergehende Erscheinung, und rieten mir, einfach mit dem Sport zu pausieren. Doch leider entpuppte es sich nicht als kurzfristige Erscheinung, bis die Ärzte schließlich die Osgood-Schlattersche Erkrankung diagnostizierten. Ich durfte mit dem Knie nirgendwo anstoßen, sonst gab es höllische Schmerzen. Das geht natürlich beim Skifahren nicht, da berührst du immer eine Stange und spürst die Schläge im Knie. Konditionell und kräftemäßig war ich stark, aber das Körpergewicht fehlte mir. Wenn dir noch dazu jede sportliche Betätigung arge Schmerzen bereitet, dann verlierst du auch das Interesse daran. Es war ein Wechselspiel zwischen dem Versuch, Sport zu machen, und der darauffolgenden Pause.

Wachstumsstörungen des Knorpel- und Knochengewebes

Der sich im Wachstum befindliche Organismus von Kindern und Jugendlichen ist normalerweise sehr gut in der Lage, sich an körperliche Belastungen anzupassen. Diese erstaunlich hohe Anpassungsfähigkeit ist ein ganz wesentliches Merkmal des kindlichen Organismus. Sie äußert sich in einer großen Heilungspotenz und Regenerationskraft etwa nach Verletzungen und Überlastungen, die ein bereits erwachsener Mensch nie mehr erreichen kann.

Auf der anderen Seite sind aber die Gewebe von Kindern leichter schädigbar. Das betrifft insbesondere den passiven Bewegungsapparat, also vor allem Sehnen, Bänder, Knorpel und Knochen. Falsch durchgeführtes, zu belastendes Training kann den wachsenden Organismus in kurzer Zeit schwer schädigen, und trotz der hohen Regenerationsfähigkeit kann ein bleibender körperlicher Schaden die Folge sein.

Das gilt im besonderen für jugendliche Sportler, bei denen anlagebedingt vorübergehend Störungen des Knorpelgewebes beziehungsweise des Knochenwachstums auftreten.

Eine bei jugendlichen Sportlern relativ häufig auftretende Störung dieser Art ist die sogenannte „Osgood-Schlattersche" Erkrankung.

Es handelt sich dabei um eine zeitlich begrenzte Störung im Verknöcherungsprozeß der Wachstumsfuge an der Vorderseite des Schienbeines, dort, wo die sehr kräftige Sehne der Kniegelenksstreckmuskulatur ansetzt. Die Erkrankung kann als Überlastungsschaden gedeutet werden. Bevorzugt betroffen sind männliche Jugendliche im Alter zwischen acht und 17 Jahren. Der Befall beider Kniegelenke ist häufig. Die Patienten klagen über Schmerzen, die sich ziemlich genau über dem Ansatz der Sehne der vorderen Oberschenkelmuskulatur an der Schienbeinvorderkante lokalisieren lassen. Die Ansatzstelle springt manchmal deutlich vor und bildet einen sehr druckempfindlichen Höcker. Das Knien ist schmerzhaft. Im Röntgenbild sieht man, daß die Verknöcherung der Wachstumsfuge in diesem Bereich unregelmäßig und gestört ist.

Die Beschwerden verstärken sich bei Sprung- und Laufbelastungen und bei Skiläufern besonders nach einem Training auf harter, eisiger Piste.

Die Therapie der Schlatterschen Erkrankung sollte konservativ und nicht

> operativ erfolgen. Das Wichtigste ist eine Reduzierung der Spitzenbelastungen, insbesondere der Sprung- und Laufbelastungen auf harter Unterlage; ungünstig ist bei Skiläufern das zu lange und intensive Training auf eisigen Pisten. Unterwasser-Bewegungsübungen und Radfahren sowie das Gehen auf weichen Böden ist zu empfehlen.
>
> Von immenser Bedeutung ist die Aufklärung und die Absprache mit den Eltern, bei Leistungssportlern zusätzlich noch mit dem für das Training Verantwortlichen. Es muß hier klar ausgesprochen werden, daß diese Erkrankung über mehrere Jahre bestehen bleibt und Einflüsse auf den Trainingsablauf und besonders auf die Leistungsfähigkeit zu erwarten sind. Der Sportler kann in dieser Zeit einfach nicht die volle Leistung erbringen. Dies sollte auch bei der Kadererstellung berücksichtigt werden.
>
> Man muß diesen Sportlern Zeit lassen, sich zu entwickeln. Regelmäßige ärztliche Kontrollen und Beratung im Hinblick auf das Training sind während des gesamten mehrjährigen Rehabilitationsprozesses unbedingt notwendig.
>
> Werden obige Prinzipien beachtet, so heilt die Erkrankung mit Abschluß des Wachstums vollständig aus, und der Patient ist wieder voll in der Lage, Spitzenbelastungen zu verkraften; sportliche Höchstleistungen sind wieder erreichbar.
>
> Wird der Sportler während der aktiven Phase der Erkrankung trotz starker Schmerzen weiter körperlich voll belastet, so können bleibende Schäden die Folge sein.
>
> *Univ. Doz. Mag. DDr. Anton Wicker, Vorstand der Abteilung für Physikalische Medizin und Rehabilitation an den Landeskliniken Salzburg; ÖSV-Teamarzt*

Von Januar bis April war an Skifahren nicht zu denken, denn die Wachstumsprobleme hatten sich nicht gelegt; im Gegenteil, sie waren schlimmer geworden. Die anderen Mitschüler fuhren in dieser Zeit Rennen und verbesserten sich, ich war über meinen Landeskaderplatz froh und wartete ab. Doch letztlich wurde die Situation für mich immer unerträglicher. Die anderen fuhren pausenlos Rennen und hatten ihre Erfolgserlebnisse. Montags begegneten wir einander dann wieder in der Schule, und ich mußte mir anhören, welche Erfolge die anderen am Wochenende gehabt hatten, wer wieviele Punkte für den Landescup gemacht hatte – und ich bin daheim gesessen und habe gewartet und gehofft, daß ich auch irgendwann einmal wieder Rennen fahren kann.

Als der für mich unerfreuliche Winter vorbei war, wollte ich wieder angreifen. Es ging mir besser, und ich schöpfte neuen Mut. Im nächsten Winter würde ich alles aufholen, davon war ich überzeugt.

Doch nach wenigen Wochen war wieder alles vorbei, ich hatte wieder Probleme mit den Knien bekommen. Dann kam noch ein Schreiben vom Schuldirektor. Wenn ich verletzt sein sollte, dann müßte ich auf die Stolzalpe zur Behandlung fahren, und danach sollte ich mit meinen Eltern entscheiden, ob es überhaupt noch Sinn macht, in die Ski-Handelsschule zurückzukehren. Aber da bin ich gar nicht mehr auf die Stolzalpe gefahren. Ich war schon verzweifelt genug und hatte mit der Schule und dem Skifahren abgeschlossen.

Ausgerechnet in diesem Frühjahr fiel mein Vater bei Umbauarbeiten aus acht Meter Höhe vom Dach und verletzte sich schwer. Wir wußten zu dem Zeitpunkt nicht, wie alles weitergehen würde, ob er jemals wieder gesund wird und ob er mit der Skischule weitermachen kann. Meine Mutter machte sich ziemliche Sorgen, das bekam ich mit, immerhin ging ja mein Bruder auch noch zur Schule.

In dieser Zeit entschied ich mich recht eigenständig, arbeiten zu gehen. Eines Tages kam ich zum Frühstück und erklärte, daß ich Maurer werde. Warum, weiß ich bis heute nicht, und das wußte ich auch damals nicht so genau. Es war die Phase in meinem Leben, in der es bergab ging, aber in der ich sehr viel für später lernte.

Die Arbeit als Maurer machte mir von Beginn an Spaß. Ich schaute nie auf die Uhr und arbeitete so lange, wie man mich brauchte, das war für mich selbstverständlich. So macht man sich als Lehrling natürlich beliebt. Es dauerte recht lange, bis ich wußte, was eine Überstunde oder ein Überstundenzuschlag ist.

In einer Zeitung stand damals, daß ich eine Lehre als Zuckerbäcker gemacht hätte, und das muß ich jetzt schon aufklären. Zuckerbäcker sagt man bei uns auf der Baustelle zu einem Lehrling, der zwei linke Hände hat.

Wenn man zum Beispiel ein Rohr zuputzt, und auf der anderen Seite spritzt alles heraus und dem Elektriker am besten gleich ins Auge, dann sagt man bei uns im Pongau: „Du hättest besser Zuckerbäcker werden sollen." Irgendwann im Olympia-Winter langweilten mich die ewigen Geschichten vom Maurer, der Skifahrer geworden ist. Dem nächsten Reporter wollte ich eine andere Geschichte erzählen, dann hatte er etwas exklusiv. Das ergab sich dann ausgerechnet bei der Pressekonferenz nach einem Sieg in Saalbach-Hinterglemm. Natürlich kamen die unvermeidlichen Fragen, ob ich mir auf dem Bau so einen Erfolgslauf je hätte vorstellen können, wann ich meinen letzten Tag auf der Baustelle verbracht hatte und so weiter. Da sagte ich: „Meine Herren, eigentlich bin ich Zuckerbäcker." Da herrschte erst einmal betretenes Schweigen im Saal, denn jeder dachte sich, jetzt müsse er seine Geschichte umschreiben. Ich hätte erwartet, daß einer vielleicht den Begriff kennt. Dem war aber nicht so, es fragte auch keiner nach, offensichtlich paßte ein Zuckerbäcker nicht in ihr Konzept. Auch recht, dachte ich mir, wenn mich keiner danach fragt, dann sage ich auch nichts. Kurz darauf las ich es: Hermann Maier, der Maurer, der eigentlich Zuckerbäcker war. Ich weiß gar nicht mehr, wer das geschrieben hat, aber ich hoffe, er ist mir nicht böse wegen dem kleinen Scherz. Wenn er will, stelle ich ihm einmal ein paar „Zuckerbäcker" bei uns daheim vor.

Zum Glück konnte ich während der Zeit als Maurer durch die Arbeit als Skilehrer ein bißchen Englisch, denn eines Tages heuerten Briten an, und auf der Baustelle hätte es sonst niemanden gegeben, der sich mit dem ganzen Trupp an Briten verständigen hätte können. Das war eine wilde Aktion, denn die hatten ganz andere Techniken beim Bauen, noch dazu waren es ziemlich wilde Hunde. Dem einen fehlte ein Teil des Ohres, darüber wunderten wir uns von Beginn an. Eines Tages fragte ich nach, was denn da passiert sei. Da erklärten sie mir lachend, daß sie alle Liverpool-Fans seien, und bei einem Auswärtsspiel habe es eine Rauferei gegeben, und da habe ihm ein gegnerischer Fan einen Teil des Ohrs abgebissen. Die fanden das aber ganz lustig und hatten ihren Spaß daran. Mit diesen lustigen Burschen war ich also auf dem Bau.

Bei der letzten Baustelle hatten wir keinen Kranführer mehr. Der letzte auf dem Kran war unser Polier gewesen, und jetzt war ich der Polier. Als ich auf die Baustelle kam, fragte ich: „Wer fährt eigentlich den Kran?" Im Notfall der Polier, lautete die Antwort. Darum setzte ich mich hinauf, aber ich konnte damit nicht umgehen. Daraufhin sagte einer von den Briten, er mache das jetzt. Mir war es nur recht, weil auf dem Kran fühlte ich mich ohnehin nie besonders wohl. Der Brite war dann immer flott unterwegs mit dem Kran, er dachte wohl, es sei ein hochgestelltes Go-Kart. Es dauerte nicht lange, bis er mit einer Palette voller Stahlträger in eine Mauer krachte. „Jetzt können wir wieder von vorne anfangen", dachte ich mir, aber die Mauer blieb wider Erwarten heil. Wenn ich da heute vorbeifahre, muß ich stets daran denken und innerlich darüber lachen. Aber es war wirklich solide Arbeit, die Mauer steht heute noch.

Als ich Jahre später von meinem Abfahrtssieg in Wengen heimkam, hatte ich von den Jungs am Bau eine Karte in der Fanpost. Sie hatten in den englischen Zeitungen die Geschichte vom „fastest bricklayer in the world", vom schnellsten Maurer der Welt, gelesen. Sie hätten es gar nicht glauben können, sie gratulierten mir, und sie seien stolz, daß sie mit mir auf einer Baustelle zusammengearbeitet hatten. Da hatten sie jetzt für die nächsten Auswärtsspiele wenigstens was zu erzählen.

Die Wachstumsstörung besserte sich dann im Laufe der Zeit. Schmerzen davon habe ich auch heute noch manchmal, aber jetzt habe ich sie besser im Griff. Je stärker die Muskeln ausgebildet sind, desto besser die Situation. Aber am Anfang hatte ich auch kein Körpergewicht und zuwenig Muskelmasse. Das war immer mein Problem, meine Gelenke konnten nichts abfedern. Noch heute tun mir meine Knie bei bestimmten Bewegungen weh, aber ich habe einen so starken Stützapparat entwickelt, daß ich diese Bewegungen nicht ausführen muß oder abfedern kann.

Ich frage mich oft, ob das alles nicht bis zu einem bestimmten Grad auch psychosomatisch bedingt war. Wenn andere umsetzen, was du gerne ausführen würdest, dann zerbrichst du innerlich daran. Du bist deprimiert und ziehst dich immer mehr in einen Abwärtstrend hinein. Die haben die Erfolge eingefahren, und ich bin zu Hause herumgesessen. Die haben sich selbst stückweise meinen Traum verwirklicht. Dann kommst du an den Punkt, an dem du verzagst, aber dann willst du wieder alles erzwingen.

Ich glaube, daß jeder in seinem Leben früher oder später einmal etwas erzwingen will. Aber ich habe gelernt, daß man es mit Maß und Ziel machen muß. Das war für mich schwierig zu begreifen, denn meistens ist es so, daß man etwas sofort erreichen will.

Wenn du unten bist, lernst du auch die anderen Seiten des Lebens kennen. Andere stehen im Rampenlicht, und du glaubst, daß du nichts wert bist. Es war eine schwierige Zeit, aber letztlich eine lehrreiche. Ich habe die Welt von unten kennengelernt, bevor ich oben war. Es gibt wahrscheinlich nicht viele Sportler, die auf dem Weg nach oben über viele Jahre hindurch Rückschläge hinnehmen mußten. Ich bin einer davon. Das prägt natürlich, und es beeinflußt auch das Verhalten heute. Manchmal wurde ich nach Siegen gefragt, ob ich mich gar nicht freuen könne, ob ich es wirklich so locker nehme. Ich freue mich vielleicht anders, eher im Stillen. Die großen Gesten liegen mir nicht, den Schnee soll lieber der Tomba küssen.

Es ist komisch: Anfangs träumt man gerne. Aber wenn du die Dinge erreicht hast, die dir wichtig sind, dann denkst du einfach weiter. Das erlebte ich viel später in Kitzbühel, als der ganze Wirbel um meine Person hereinbrach. Ich spürte einfach, wie ausgelaugt zu diesem Zeitpunkt mein Körper war. Aber damals hatte ich schon ganz andere Ziele vor Augen. Ich wollte, daß sich mein Körper regeneriert, daß ich wieder fit werde. Ich wollte nicht Kitzbühel gewinnen, ich wollte bei den Olympischen Spielen von Nagano gewinnen. Es war eine unheimlich schwierige Entscheidung, in Kitzbühel nicht anzutreten. Vor dem wichtigsten Rennen der Weltcup-Saison nein zu sagen, das ist mir nicht leicht gefallen. Denn wie alle anderen Skisportler habe ich von Kitzbühel und von der Hahnenkamm-Abfahrt geträumt.

Zum Glück träumte ich in diesem Moment nicht und ließ mich auch nicht von einem vorschnellen Ruhm blenden. Aber dazu später.

Der Weg nach Château-d'Oex

Nach dem Profi-Abenteuer wollte ich nicht aufgeben und meine Bretter für immer an den Nagel hängen. Ich wollte es noch einmal wissen. Eine meiner wichtigsten Entscheidungen damals war, daß ich bei den Landesmeisterschaften in Kärnten, Tirol und Salzburg mitfuhr. Die Salzburger Meisterschaft gewann ich dreimal, aber das war nicht das Entscheidende. Es ging dabei mehr um die Besetzung. In Kärnten fuhr der Rainer Schönfelder mit, der zuvor die Junioren-Weltmeisterschaft gewonnen hatte, in der Steiermark der Michael Tritscher, in Tirol der René Haser, der einmal bis auf drei Zehntel an den Barnerssoi herangekommen war. Diese Läufer waren die Meßlatte, die ich auf meiner Ebene suchte und die für mich zählte. Das waren Fanatiker auf Skiern. Einige kannte man, einige nicht, aber allen gemeinsam war ein Herz für diesen Sport. Unter diesen Fanatikern begann ich damals, mir so etwas wie einen Namen zu machen. In Kärnten wurde ich Landesmeister im Slalom, in Tirol Riesentorlaufmeister, in Salzburg gewann ich alles. Die Salzburger Slalom-Landesmeisterschaft gewann ich mit über neun Sekunden Vorsprung, danach fuhr ich vier Jahre keinen Slalom mehr – bis Veysonnaz im Januar 1998.

Einige wurden schon zu diesem Zeitpunkt auf mich aufmerksam. Mit diesen Leistungen im Hintergrund schaffte ich es schließlich, bei den österreichischen Meisterschaften auf dem Semmering an den Start zu gehen. Da wurde ich dann bester Salzburger, und da kam auch schon der Walter Hlebaina zu mir, um mir zu gratulieren. Walter Hlebaina war damals Salzburger Landestrainer, heute ist er Coach des ÖSV-Nachwuchs-Projektes 2001. Dann meldeten sich auch die Vorarlberger, das war ein bißchen überraschend. Aber der Vorarlberger Ski-Verband hatte offensichtlich von Mario Reiter gelernt. Der war auch schon aus allen Kadern geflogen und hatte sich als Stallbursche im Kaunertal verdingt, um sich sein Gletschertraining zu finanzieren. Der Robert Trenkwalder sah ihn dort einmal beim Training und ebnete ihm den Weg zurück in den Österreichischen Ski-Verband. Zu dem Zeitpunkt hätte keiner von uns auch nur einen Gedanken daran verschwendet, daß wir einige Jahre später in Japan gemeinsam Olympiasieger werden.

Die Vorarlberger fragten mich also konkret, ob ich nicht in ihren Landesverband einsteigen möchte. „Naja, ich muß das einmal überlegen", zögerte ich. Doch da tauchte schon der Salzburger Verbandspräsident Alex Reiner auf und erklärte: „Den Maier geben wir nicht mehr her."

Das Rennen auf dem Semmering selbst war ungleich interessanter als die Gespräche am Rande. Die Trainer waren beim Einfahren jedesmal ziemlich verwundert. Ich hatte ja immer schon einen anderen Stil gehabt, mehr auf beiden Beinen und nicht, wie die Trainer es gewohnt waren, die klassische Technik. Sie wußten nie, wo sie mich hintun sollten. Einige hatten von mir gehört, anderen war ich egal. Ich genoß es damals, daß ich beachtet wurde und einige zumindest verwirrt habe.

Im Rennen kam ich wieder einmal als letzter an die Reihe. Ich fuhr mit Startnummer 141 und wußte genau, daß einige Trainer im Ziel auf meinen Lauf warteten. Als ich dann unten abschwang, sah ich die ganzen Stars vom ÖSV versammelt. Das war ein komisches Gefühl: Ich kam da mit meinem zerfledderten Anzug durchs Ziel, und dahinter standen die Trainer und Verbands-Oberen in den modernsten Anzügen. Plötzlich sprang der Werner Margreiter, der Cheftrainer der Herren, auf und schaute ganz ernst drein. Das war die Bestätigung für mich, daß die auch etwas bemerkt hatten. Aber es war trotzdem eigenartig: Keiner redete mit mir. Manchmal hatte ich damals das Gefühl, als ob ich von einem anderen Stern komme. Alle schauten mich an, aber keiner sprach mich an. Auch gut, dachte ich mir, ich bin ja keiner, der alles bis ins letzte Detail ausdiskutiert. Eines Tages würden sie schon mit mir reden.

Der Weg nach Château-d'Oex

Das kam dann sogar relativ schnell. Am nächsten Tag bekam ich gleich einen Anruf vom ÖSV: Ich sollte mit zu den FIS-Rennen nach Château-d'Oex in die Westschweiz fahren. Ich wußte nicht einmal, wo das genau lag. Ich fuhr gleich nach dem Anruf nach Flachauwinkel zu meinen Eltern, die saßen gerade beim Mittagessen. Erst schauten sie mich nur ungläubig an, als ich ihnen sagte, daß ich jetzt zu den FIS-Rennen in die Westschweiz fahren würde.

Ich hatte ja nicht einmal ein Fahrzeug für die Reise. Das war das erste Problem. Darum rief ich beim Skiklub Flachau an und fragte nach deren Sport-Bus. Den bekamen wir dann auch, weil von unserem Klub auch noch der Josef Weissenbacher und der Thomas Bürgler, der mittlerweile mein Serviceman ist, mitgefahren sind. Wir vereinbarten, daß ich der Fahrer sei und die anderen abholen sollte. Nur: Ich hatte, wie gesagt, überhaupt keine Ahnung, wie weit das war, geschweige denn, daß ich wußte, wohin wir überhaupt fahren mußten.

Zuerst einmal ging ich aber in den Skistall. Ich war mit meinem Ski nicht besonders zufrieden. Es ist dein erster internationaler Einsatz, dachte ich mir, da muß der Ski perfekt laufen. So schliff ich die Bretter mehrmals nach, zog sie wieder ab und wachste sie – bis es mir plötzlich einschoß, daß der Weissenbacher ja schon seit zwei Stunden am Grenzübergang Walserberg auf mich wartete. Eine Stunde später kamen wir schließlich dort an. Er war zwar ziemlich grantig, aber die Hauptsache war jetzt für uns alle, rechtzeitig zu unserem Einsatz zu kommen. Ich schaute nie auf eine Karte, das interessierte mich nicht so besonders. In Vorarlberg begann es dann arg zu schneien, wir sind weiter in die Schweiz, der Schneefall wurde immer dichter, und wir wußten überhaupt nicht mehr, wo wir eigentlich waren. In unserer Verzweiflung hielten wir immer wieder an, der Thomas stieg aus, wischte die Ortstafel oder ein Straßenschild ab, und wir suchten den Ort auf der Karte und setzten unsere Fahrt fort. Das machten wir dreimal, dann entschieden wir uns für die Autobahn.

Als wir endlich in Château-d'Oex ankamen, war es mittlerweile ein Uhr früh. Die Mannschaftsführersitzung, zu der wir eigentlich zurecht kommen hätten sollen, war natürlich schon lange vorbei. Kein Mensch war mehr auf der Straße zu sehen – und am nächsten Tag das Rennen. Wir dachten schon, daß wir den ganzen Weg umsonst gemacht und jetzt nicht einmal ein Hotelzimmer hätten. Von einem Startplatz ganz zu schweigen. Also fuhren wir zum einzigen Wirtshaus, in dem noch Licht brannte. Gerade als wir ausstiegen, kam einer aus dem Wirtshaus, schaute uns mit großen Augen an und fragte: „Autriche?" Der war zu unserer Überraschung von der Rennleitung, und die waren nach der Sitzung noch weggegangen, und es war zu unserem Glück spät geworden. Er hatte sogar unsere Startnummern dabei. Irgendjemand in der Sitzung hatte es offenbar gut mit uns gemeint und verkündet, daß wir sicher kommen würden. So wurden wir auf Verdacht ausgelost.

Der nächste Tag war der Renntag. Ich wußte, daß ich wie üblich ganz am Schluß drankommen würde und mir deshalb keinen Streß zu machen brauchte. Zum Frühstücken hatte ich trotzdem nie Zeit, weil ich mich immer um meine Ski kümmerte. Als ich damals am Balkon stand und nochmals die Ski abzog, fuhren die Schweizer tatsächlich schon zum Start. Ich dachte mir nur: „Die sollen ruhig hinauffahren und warten, bis das Rennen beginnt." Ich wußte natürlich noch nicht, wie das bei solchen Rennen mit dem Besichtigen der Strecke ist und daß es da genaue Zeitvorgaben gibt. Meine beiden Kollegen waren schon nervös. Wir kamen dann auch ziemlich spät mit dem Skiklub-Bus bei der Talstation an, und die beiden erwischten gerade noch die Gondel – aber die hatten auch niedrigere Startnummern.

Woher hätte ich das auch wissen sollen? Beim Landescup gab es so etwas nicht, und bei den FIS-Cup-Rennen bin ich bei den ersten Nummern am Pistenrand gestanden. Bei meinen hohen Startnummern hatte ich ja ohnehin immer genügend Zeit. Aber bei meiner Auslandspremiere sollte es recht knapp werden. Eine Viertelstunde vor dem Rennen bin ich noch hinuntergerutscht, das hätte man natürlich nicht mehr machen sollen. Ich schaffte es, mit dem Sessellift gerade noch rechtzeitig wieder hinaufzukommen. Der Lift ging damals über das Startgelände, und ich schaute mir von oben das ganze Treiben der Serviceleute an. Meine Skibrille war schon lange kaputt, und ich sagte mir: So billig kommst du nicht mehr zu einem Ersatz. Ich warf also die Brille vom Sessellift einem der Servicemännern zu und ersuchte ihn lauthals, ein neues Glas einzufügen, ich käme gleich zum Starthaus.

Als ich endlich am Start war, hörte ich, daß zu Trainingszwecken das ganze Schweizer Nationalteam da war. Als ich dann im Zielbereich ankam, schauten mich einige von ihnen mit meinen alten Skiern und meinem geflickten Anzug an, als ob ich von einem anderen Planeten käme. Das kapieren die, glaube ich, bis heute nicht, wie ich damals einmal Vierter und einmal Siebenter werden konnte.

Danach ging es zurück nach Altenmarkt-Zauchensee, gleich direkt zu den Deutschen Meisterschaften. Ich fühlte mich da schon richtig als Rennfahrer, von einem Lauf zum nächsten. Nur mit der Planung klappte es noch nicht so ganz. In Zauchensee waren nämlich die Deutschen Abfahrts- und Super-G-Meisterschaften angesetzt, und ich war bis dahin noch nie eine richtige Herrenabfahrt gefahren. Einen Riesentorlaufkurs kannst du dir ja selbst ausstecken, aber eine Abfahrt? Wo hätte ich dafür trainieren sollen? Ich hatte nicht einmal einen Abfahrtsski. Bei Atomic suchten sie mir dann ein Paar heraus, das waren 2,14 Meter lange Latten mit ganz flachen Spitzen. So etwas hatte ich zuvor nur im Fernsehen gesehen.

Am ersten Tag lief überhaupt nichts, ich wurde nur Zwanzigster. Das wurmte mich ziemlich. Des Rätsels Lösung war aber schnell gefunden: Die Ski sind schlecht gelaufen, dachte ich mir. Das klang logisch. Ich bin sofort in das nächste Sportgeschäft und habe mir ein Jet-Wachs gekauft. Am zweiten Tag kam ich unter die ersten Zehn. Weil es im Winter bis dahin so viele Absagen gegeben hatte, wurde gleich noch eine dritte Abfahrt drangehängt. Da kam ich dann schon als Vierter ins Ziel. Bei diesem dritten Lauf war nur noch ein Österreicher vor mir. Der Abfahrer Hermann Maier war geboren.

Nach der Saison war mir klar, daß nun etwas passieren würde. Ich spekulierte, daß ich nun in den Europacup kommen würde. In einem der vielen ÖSV-Kader müßte ja Platz für mich sein.

So ähnlich kam es auch – nur anfangs nicht ganz nach meinem Geschmack. Ich kam in den Salzburger Landes-B-Kader. Dieser Kader war die letzte Lumpensammlung für Talente und Rennläufer und solche, die sich für eines von beiden hielten. „Das darf doch nicht wahr sein", war mein erster Gedanke, als ich die Verständigung erhielt. Landes-B-Kader statt Europacup. Ich wußte nicht, ob das nun ein Aufstieg oder ein weiterer Abstieg war, doch der Kader hatte einen Vorteil: Ich mußte mir keine Skikarten für die Gletscherbahnen auf dem Kitzsteinhorn mehr kaufen, und Ski bekam ich auch zur Verfügung gestellt. Zudem war ich nicht abhängig. Ich konnte meinen eigenen Weg weitergehen und daneben arbeiten und trainieren. Das empfand ich als ziemlich positiv, darum beschloß ich, nicht mehr enttäuscht darüber zu sein, daß ich nicht im Europacup-Team stand.

Im Frühjahr 1995 sattelte ich dann wieder vom Ski-Rennläufer zum Maurer um. Immerhin mußte ich nach den ganzen Ausflügen wieder einmal richtig Geld verdienen. Es war ein Jahr mit vielen Aufträgen und vielen Baustellen, und das wirkte sich gleich auf mein Training aus. Um es direkter zu sagen: Ich konnte praktisch überhaupt nicht trainieren. Meine Freundin Petra habe ich zu dem Zeitpunkt auch nur gesehen, wenn ich auf dem Moped durch den Ort gefahren bin, hinten einen Rucksack umgeschnallt, aus dem noch die Wasserwaage herausgestanden ist. Es war mein letztes Jahr auf dem Bau, soviel war mir klar. Nur: Wie das mit dem Skifahren weitergehen würde, das konnte ich nicht vorhersagen. Zuviele Gedanken machte ich mir deswegen auch nicht, ich wollte einfach meine Arbeit fertig machen.

An meine letzte Baustelle kann ich mich noch gut erinnern. Das war die Weinpresse in Filzmoos. Die Besitzerfamilie wollte einen speziellen Rundbau. Die hatten einen recht eigenwilligen Architekten, der entweder alles rund machte oder in einem Winkel von 45 Grad. Als wir damit fertig waren, dachte ich mir: Das wäre jetzt ein guter Moment, um für immer als Maurer aufzuhören. Außerdem dachte ich schon die ganze Zeit an das Training, das ich bis dahin nicht so konsequent betrieben hatte. Die anderen würden schon alle auf ihren Skiern stehen, während ich noch auf dem Bau herumsitze.

Dann kam der 26. Oktober 1995. Es war Nationalfeiertag, und wir wurden endlich mit dem Rundbau fertig. Wir setzten uns nachher zusammen, tranken Bier und erzählten Witze. Bei dieser Gelegenheit erklärte ich dem Chef: „Ich muß es jetzt noch einmal probieren mit dem Skifahren. Wenn es nicht klappt, bin ich im Frühjahr ohnehin wieder da." Er schaute mich ein bißchen eigenartig an, offensichtlich wußte er nicht, ob das jetzt auch ein Witz sein sollte oder nicht. Ich glaube nicht, daß er mich verstanden hat.

Die anderen auf dem Bau werden sich alle gedacht haben: Jetzt dreht unser Polier endgültig durch.

Im nächsten Monat saß ich fast nur noch auf dem Rennrad, damit ich neben der Kraft auch zu etwas Ausdauer kam. Kraft hatte ich ja genug: Die Zementsäcke waren meine täglichen Trainingsgeräte und der Ersatz für die Hanteln. Nebenbei war ich noch immer auf dem Kitzsteinhorn Ski fahren, aber da war ich mehr oder minder alleine und hatte keinen Vergleich mit anderen Fahrern. So war meine Saisonvorbereitung eigentlich nicht wirklich ideal, aber ich machte mir deswegen auch nicht allzuviele Sorgen. Irgendwie würde es schon gehen.

Das erste Rennen dieses Winters stand für mich Anfang Dezember 1995 in Neustift im Stubaital auf dem Programm. Um die Startliste kümmerte ich mich nicht, darum war ich bei der Talstation fast ein bißchen überrascht: Die ganze Europacup-Mannschaft des ÖSV, in die ich eigentlich hinein wollte, war da, außerdem die ganze italienische Riesentorlaufmannschaft, die dort ihre Qualifikation für den Weltcup-Lauf in Alta Badia fuhr. „Bravo", dachte ich mir, „die kommen alle direkt vom Training aus Amerika und ich vom Rennrad." Trotzdem wurde ich Dritter und damit bester Österreicher.

Ich war wirklich neugierig, wie sich jetzt die Trainer verhalten würden. Ich hatte ja immerhin alle Läufer aus jenem Kader geschlagen, für den sie mich als zu schwach eingestuft hatten. Die Trainer waren dieses Mal aber ziemlich fair und sagten mir prompt zu, daß ich in diesem Winter zumindest im Europacup fahren würde. Wahrscheinlich aber wunderten sie sich selbst am meisten über mein Ergebnis.

Und dann kam der 6. Januar 1996.

In vielen Artikeln habe ich seither gelesen, daß dieser Tag mein Leben verändert hätte, daß hier meine Karriere begann, daß ich hier unvermutet entdeckt wurde. Es stimmt, daß dieser Tag mein Leben verändert hat, es wäre auch falsch, das zu bestreiten. Aber ich glaube nicht, daß ich an diesem Tag entdeckt oder durch Zufall zum Rennläufer wurde. Ich hatte jahrelang um diese Chance gekämpft, einmal mit mehr Glück, manchmal mit Verzweiflung, und zeitweise hatte ich das Kapitel Rennlauf überhaupt schon abgeschlossen. Dieser 6. Januar war mit Sicherheit kein Zufall, sondern eine logische Folge der Entwicklung zuvor. Im schlimmsten Fall hätte mir nur passieren können, daß ich die Chance, an jenem Tag beim Weltcup-Rennen als Vorläufer zu fahren, nicht bekommen hätte. Dann wäre vielleicht alles anders gekommen. Auch das ist eine der vielen Zufälligkeiten, die einen Lebensweg bestimmen.

An diesem Tag gastierte also der Weltcup der Herren in Flachau. Unsere Skischule liegt direkt auf dem Weg zur Grießenkar-Strecke, wo das Rennen stattgefunden hat, zu Fuß ist man in fünf Minuten beim Ziel. Irgendwie war es ein Wink des Schicksals: Wenn ich schon nicht in den Weltcup komme, dann kommt der Weltcup eben zu mir nach Hause. Und als Vorläufer konnten sie ja wohl nicht an mir vorbei. Der Salzburger Verbandspräsident Alex Reiner hatte sich dafür stark gemacht, und ich wurde vom ORF kontaktiert, ob ich den Lauf nicht mit der Helmkamera fahren und damit übertragen möchte. Die wollten die ganze Sache live haben, aber das war mir nicht geheuer. Einmal fahre ich gegen die Weltklasse, und dann soll ich eine Helmkamera tragen? Ich war der Meinung, damit zuviel Zeit zu verlieren. Einen Lauf zeichneten wir daher am Vortag auf, einen machten wir live. Die Tage zuvor hatte ich ausgiebig trainiert. Erst war Fritz Vallant mit seinen Technikern da, aber in der letzten Woche vor dem Bewerb dürfen die beteiligten Läufer auf dieser Strecke nicht mehr trainieren. Das galt nicht für mich.

Als ich eines Tages wieder über die Weltcupstrecke teufelte, sprang mir plötzlich ein Mann mit Schnauzbart vor die Ski, fuchtelte wie wild mit den Händen und rief mir irgendetwas zu. Ich verstand ihn leider nicht, weil ich so schnell vorbeizog. Am Abend erfuhr ich dann, wer das war: Günther Hujara, der FIS-Renndirektor. Der hatte geglaubt, daß ich ein richtiger ÖSV-Läufer sei, aber der Streckenchef erklärte ihm später, daß ich nur ein Vorläufer war. Im nächsten Winter sprach er mich auf die Szene übrigens an: Er konnte es bis dahin nicht glauben, daß es sich um einen Vorläufer gehandelt hatte, er hegte immer noch den Verdacht, daß damals ein ÖSV-Athlet in einem neutralen Anzug trainiert hätte. „Das soll ein Vorläufer sein?" fragte er damals den Streckenchef. „So einen haben wir im ganzen deutschen Skiteam nicht."

Der Weg nach Château-d'Oex

Im Starthaus traf ich übrigens den Alberto Tomba. „Getroffen" ist vielleicht nicht der richtige Ausdruck, denn er kannte mich ja nicht. Ich überlegte mir für eine Sekunde, ob ich ihn ansprechen sollte, aber dann war mir die Rennvorbereitung wichtiger. Außerdem dachte ich: Vielleicht wird er mich später ohnehin einmal kennenlernen.

Im Ziel klopften mir einige auf die Schulter, aber der Rest war wie gewohnt. Kein Mensch vom Österreichischen Ski-Verband unterhielt sich mit mir. Statt dessen gingen Gerüchte um, welchen Platz ich wohl belegt hätte. Offiziell wurde es nie bekanntgegeben, aber in der Gesamtwertung wäre ich Zwölfter geworden. Ich weiß nicht, wer die ganze Geschichte an die Presse weitergegeben hat, auf jeden Fall war das überall zu lesen. Von da an konnte man auch beim ÖSV nicht mehr wegschauen, und es ging dann alles ganz schnell. Vor dem Rennen bekam ich nämlich schon meine Nominierung für die ersten Europacup-Einsätze – es handelte sich um zwei Riesentorläufe in les Arcs.

Es kann sein, daß da auch ein anderer Flachauer seine Finger im Spiel hatte: Andreas Evers war Europacup-Trainer und hatte schon im Sommer vorhergesagt, daß es da in Flachau einen gibt, der allen davonfahren würde. Der setzte es dann auch durch, daß ich sofort von Flachau nach les Arcs aufbrach. Zwei Tage nach meinem Auftritt als Vorläufer hatte ich also meinen ersten Europacup-Einsatz – endlich.

Ich kam mit der alten Ausrüstung samt dem alten Spyder-Anzug im Spinnennetz-Muster in Frankreich an. Die Schweizer waren mit ihrer Nationalmannschaft da, das war vielleicht ein gutes Omen, denn in Château-d'Oex waren sie ja auch dabei gewesen. Mangels FIS-Punkten fuhr ich selbstverständlich wieder als letzter, wenigstens das war ein gewohntes Gefühl.

Beim Besichtigen spielte sich dann die Szene ab, die mir heute noch oft scherzhaft vorgehalten wird. Statt seitlich abzurutschen, fuhr ich mitten durch die Tore. Das ist normalerweise nicht erlaubt und bedeutet eigentlich Disqualifikation. Die anderen Fahrer schauten ziemlich verblüfft, keiner wußte, was jetzt passieren würde. „Ich bin neu dabei, na und", rief ich ihnen zu und fuhr zum Lift.

Die hohe Startnummer war diesmal aber kein Nachteil: Im Europacup mußte ich mir die Strecke besser ansehen, das war mir klar. Also stand ich bei den Fahrern der ersten Startgruppe neben der Strecke und sah mir den Lauf genau an, dann fuhr ich mit dem Lift hinauf und startete. Diesmal ging sich zeitlich alles problemlos aus. Gleich im ersten Lauf fuhr ich ziemlich weit nach vorne. Beim Start zum zweiten Durchgang wußte ich nicht, wofür ich mich entscheiden sollte: voller Angriff oder Taktieren? Wenn ich rausfliege, so war meine Überlegung, fliege ich vielleicht auch wieder aus dem Europacup-Aufgebot. Mit einigen sicheren Punkten würde ich mich in der FIS-Rangliste nach vorne arbeiten können. Im nächsten Moment war ich über die Gedanken selbst erschrocken: taktieren? Hast du jemals taktiert? Nein, und so wird es auch heute sein. Ich katapultierte mich aus dem Starthaus und wurde Zweiter hinter Steve Locher. Am nächsten Tag drehte ich die Wertung um: Sieg vor Locher.

Allerdings wäre ich beinahe nicht rechtzeitig zum Rennen gekommen. Ich hatte mit dem zweiten Platz soviele Punkte gemacht, daß ich in die erste Startgruppe vorrückte. Bei der Auslosung erwischte ich dann auch noch die Startnummer eins. Wenn mich da die Trainer nicht vom Hang geholt hätten, als ich gerade beim Besichtigen war, wäre ich noch bei der Nummer zwei in der Piste gestanden.

Von da an blieb ich gleich einen Monat lang in Frankreich, denn die nächsten Rennen waren allesamt in Frankreich angesetzt. Es ging ein Stück weiter nach Serre Chevalier, in den Heimatort von Luc Alphand. Offensichtlich hatten zu dem Zeitpunkt auch in der ÖSV-Zentrale in Innsbruck bereits einige bemerkt, daß da einer im ÖSV-Team mitfährt, der weder Kadermitglied ist noch professionelles Material hat. Darum kam jemand nach Serre Chevalier und brachte mir einen Rennanzug. Doch der war leider um so viel zu klein, daß ich schon beim Anprobieren gar nicht erst hineinkam. So mußte ich eben mit meinem alten Zeug weiterfahren – aber ab nun mit ÖSV-Bewilligung.

Zeitlich wurde es bei diesen Rennen für mich aber fast jedes Mal eng. Ich hatte ja keinen Servicemann und war es auch gewohnt, alles selbst zu machen. Zwischen den Durchgängen fuhr ich mit dem Auto zurück ins Quartier, richtete meine Ski her und fuhr wieder an den Start. Meistens gleich mit den Skischuhen, die zog ich auch beim Autofahren nicht aus, um Zeit zu sparen. Das war alles ein bißchen wild damals.

Nach drei Rennen hatte ich einen zweiten Platz und zwei Siege, lag in der Riesentorlauf-Wertung bereits in Führung und hatte meine innere Genugtuung erlangt. Nach all den Jahren der Enttäuschung war ich vorläufig fix im Europacup-Team. Alles andere sollte sich von selbst ergeben.

Endlich im Weltcup –
und keiner bekommt es mit

Der Januar 1996 veränderte so einiges. Plötzlich war ich nicht mehr der Querulant, sondern der Quereinsteiger, nicht mehr das ewige Talent, sondern eine Zukunftshoffnung. Mit Interesse registrierte ich, wieviele das alles schon früher gewußt und vorhergesagt hatten. Ich wollte natürlich auf dem schnellsten Weg in den Weltcup, das war klar. Zudem paßte die Form auch optimal, und die Dinge ergaben sich einfach wie von selbst. Das war nach all den schwierigen Jahren ein völlig neues Gefühl.

Die Trainer entschieden aber, daß ich im Europacup bleiben sollte. Das war rückblickend auch eine gute Entscheidung. Denn mit dem Sieg in einer Europacup-Wertung sichert man sich in dieser Disziplin auch einen fixen Startplatz im Weltcup im darauffolgenden Jahr. Das ist gerade in einem so starken Team wie dem ÖSV von Vorteil: Du hast einen fixen Weltcup-Platz und brauchst auch keine internen ÖSV-Qualifikationen mehr zu fahren. Das war eine ziemlich gute Aussicht. Außerdem war ich nach all den Jahren schon mißtrauisch geworden. Aber als Disziplinensieger mit einem Freiplatz müssen sie dich einfach mitnehmen, dachte ich mir.

Mit jedem Rennen kamen noch mehr Selbstvertrauen, noch mehr Punkte, noch mehr Lockerheit. Ich fuhr beinahe jedes Rennen im Europacup, doch es konnte mir gar nicht genug sein. Am liebsten hätte ich jeden Tag ein Rennen gehabt. In den Rennpausen dachte ich nicht so sehr an den vielzitierten 6. Januar, sondern eher an das Rudi-Nierlich-Gedenkrennen. Seit diesem Lauf war es immer bergauf gegangen. Die Erfolge im Europacup zeigten mir, daß ich mit der Einschätzung meines eigenen Leistungspotentials doch nicht so falsch gelegen bin.

Das mit dem Weltcup entwickelte sich doch ein bißchen anders als erwartet. Überraschend schnell bekam ich nämlich meine Chance: Weltcup-Debüt in Hinterstoder am 3. Februar 1996 – auf den Tag genau vier Wochen nach meinem Einstieg als Vorläufer in Flachau. Leider war ich zu diesem Zeitpunkt schon ziemlich ausgepumpt. Wenn mich die Trainer nicht gebremst hätten, wäre ich ja noch mehr gefahren. Ich war nicht zu stoppen und hatte gar nicht mitbekommen, daß das Programm im Januar ja auch ganz schön dicht war. Am Tag vor dem Weltcup-Rennen war ich noch in Sella Nevea in Italien beim Europacup im Einsatz. Nach dem Rennen ging es mit dem Auto direkt nach Hinterstoder.

Ich kam erst um elf Uhr abend an, mit einem Riesenhunger. Bis ich ins Bett kam, war es schon nach Mitternacht. Statt einem Abendessen hätte ich eigentlich eine Massage gebraucht. Ich litt unter immer stärker werdenden Kreuzschmerzen. Der ganze Rücken war verspannt, der Nacken tat mir schon beim Liegen weh. In der Nacht vor dem Rennen konnte ich fast kein Auge zutun.

„Endlich im Weltcup", dachte ich mir, „du mußt unter die ersten Fünfzehn." Als ich am nächsten Morgen aufstand, hatte ich mein Ziel schon wieder relativiert. Nicht die besten Fünfzehn, die besten Zehn müssen es werden.

Die Show gehörte zu diesem Zeitpunkt ganz anderen: Am gleichen Tag ging die Ski-WM in der Sierra Nevada los. Die ganzen Journalisten und Abfahrer waren schon in Südspanien, nur die Techniker blieben noch in Mitteleuropa. Man hatte nämlich soviel Angst vor Verschiebungen wegen Schlechtwetters und den starken Winden, daß man sich in Spanien die ganze erste Woche auf die Abfahrt konzentrierte.

Damit die Techniker auch im Training blieben, hatte man noch den Lauf in Hinterstoder eingefügt. In Österreich diskutierte man ohnehin nur die Frage, wer im WM-Abfahrtsteam stehen solle und wieviele Medaillen wir in Spanien machen würden.

Die Riesentorläufer saßen in Hinterstoder und kamen sich, mit Verlaub, ziemlich blöd vor. So wollte wenigstens ich Schlagzeilen mit meinen Debüt unter den Top Zehn machen. Aber das ging gründlich daneben. Im ersten Durchgang stürmte ich aus dem Starthaus wie beim Hundertmeterfinale.

Endlich im Weltcup – und keiner bekommt es mit

Die ersten Tore bekam ich noch halbwegs auf die Reihe, doch dann machte ich gleich einen Riesenfehler. Mit meinem Spitzenplatz war es aus und vorbei, ich mußte sogar zittern, ob ich überhaupt im zweiten Durchgang dabei sein würde. Fast wäre es sich auch nicht ausgegangen, denn als 31. wäre ich nicht dabei gewesen. Aber dann wurde noch ein Läufer wegen eines Torfehlers disqualifiziert, und so rutschte ich mit Rang 30 noch in das Aufgebot für den zweiten Durchgang.

In diesem zweiten Lauf wollte ich einfach nur runterkommen. Die Lektion aus dem ersten Durchgang hatte ich gelernt, jetzt wollte ich nur meinen ersten Weltcup-Punkt machen. Am Ende summierten sich die Laufzeiten zu Platz 26. Das waren tatsächlich meine ersten Weltcup-Punkte. So hatte ich mir das aber nicht vorgestellt. Fünf lächerliche Weltcup-Punkte, und die Schlagzeilen bei der WM hatten die Abfahrer.

Nach diesem nicht besonders verheißungsvollen Debüt ging alles wieder seinen gewohnten Gang. Die Nationalteamfahrer bereiteten sich auf ihre WM vor, und ich kehrte in den Europacup zurück. Es war wahrscheinlich gut so, daß es beim ersten Rennen nicht gleich mit einem Spitzenplatz klappte. Jetzt wußte ich umso mehr, was ein sicherer Weltcup-Platz für eine Saison bedeutet. In der Riesentorlauf-Wertung lag ich ja vorne, in der Gesamtwertung auch, aber das bringt außer der Reputation nichts. Einen Freiplatz gibt es nicht für den Gesamtsieger, sondern nur für den Sieger in den einzelnen Disziplinen.

Ich mußte noch einen zweiten Bewerb gewinnen und konzentrierte mich daher ganz auf den Super G. Da lagen die Führenden verdammt eng beisammen, doch mir fehlten die Läufe aus dem Dezember. Unglücklicherweise wurden die letzten beiden Super-G-Läufe im Europacup abgesagt und ersatzlos gestrichen. Ich blieb auf Rang drei in der Spezialwertung sitzen und fiel um meinen zweiten Freiplatz um. Natürlich war ich im ersten Moment sauer. Aber als frisch gekürter Europacupsieger durfte ich wenigstens zum Weltcup-Finale. Dort machte ich es dann besser als bei meinem Weltcup-Debüt: Rang elf. Bei der kleinen Abschiedsfeier in Lillehammer teilte mir Werner Margreiter mit, daß ich selbstverständlich im ÖSV-Kader sei. Wahrscheinlich sogar im A-Kader.

Auf dem Rückflug gingen mir die letzten Wochen durch den Kopf. Europacupsieger. Freiplatz im Riesentorlauf-Weltcup. Elfter im letzten Weltcup-Super-G – und endlich der Wechsel aus dem Niemandsland des Skisports in den A-Kader.

„Keine schlechte Bilanz", dachte ich.

Der Ernst des Lebens
oder Ski-Alltag

Ab dem Frühjahr 1996 war ich im Team. Genauer gesagt: Ich war Mitglied des A-Kaders. Im System des ÖSV rangiert ganz oben das Nationalteam für die Elitefahrer, darunter in auf- und absteigender Folge der A- und der B-Kader, dann folgt die Europacup-Gruppe.

Mein erster Kurs, zu dem ich einberufen wurde, fand in Innsbruck statt, das war ein Konditionskurs. Es war ein bißchen ein komisches Gefühl. Da kommt jetzt der Mann, der jahrelang behauptet hat, daß er übersehen worden sei, bei der Türe herein und will den arrivierten Fahrern, von denen fast jeder zweite schon einen Weltcup-Lauf gewonnen hat, zeigen, wo es langgehen soll.

Beim ersten Kurs war ich gleich zusammen mit dem Andreas Schifferer im Zimmer eingeteilt. Für gewöhnlich teilen sich im Weltcup immer zwei Fahrer ein Zimmer, das ergibt sich meistens durch Zufall und hält sich so. Wir teilen uns bis heute ein Zimmer, und es funktioniert recht gut.

So richtig kennengelernt haben wir uns aber erst im letzten Jahr. Ich brauche längere Zeit, um mich auf jemanden soweit einzulassen, daß ich mich auf ihn einstellen kann. Ich glaube, dem Andi geht es genauso. Wir sind beide eher zwei Typen, die nicht soviel reden. Wenn ich ein schlechtes Training gefahren oder sonstwie unzufrieden bin, dann brauche ich nicht stundenlang darüber zu diskutieren. Da ist es mir lieber, wenn ich in Ruhe gelassen werde. So ist es auch bei ihm. Daher ergänzen wir uns wohl auch ganz gut.

Im ersten Jahr haben wir uns aus Verletzungsgründen nicht so oft gesehen. Der Andi hatte im Januar 1996 seinen schweren Sturz in Kitzbühel, mit dem er erst fertig werden mußte. Ich verletzte mich im nächsten Winter in

Chamonix. Vielleicht dauerte es auch daher länger, bis wir uns so verstanden, wie wir es jetzt tun.

Das erste halbe Jahr im Team war nicht gerade einfach für mich. Es ist verdammt schwierig, wenn man eher ein Einzelkämpfer ist und plötzlich in einer Struktur steckt, in der immer das oberste Gebot ist, was der Trainer sagt. Damit hatte ich anfangs Probleme. Und besonders schwierig ist es wohl im ÖSV, denn das ist ja auch nicht irgendein Team. Du kommst bei der Türe herein, und da sitzen die Weltmeister und Olympiasieger aufgefädelt herum. Das ist wahrscheinlich so, wie wenn du in Brasilien zum ersten Mal zur Fußball-Nationalmannschaft dazukommst.

Unterkriegen wollte ich mich natürlich nicht lassen, da ist gleich mein ganzer Ehrgeiz durchgekommen. Den habe ich im Sport voll ausgelebt: Beim Fußball oder Basketball legte ich mich immer derart ins Zeug, daß mich die Trainer einbremsen mußten. Klar, ich mußte ja allen zeigen, was ich kann. Daß mich die Trainer dabei gezügelt haben, das hat mir am Anfang auch nicht behagt. „Was sind das für weiche Typen", war mein erster Gedanke, „die bremsen ja schon beim Fußball. Was machen die erst bei der Abfahrt?"

Die nächste Umstellung betraf das Material. Bisher hatte ich zwei Paar Ski, da brauchte ich nicht lange zu überlegen, mit welchem Ski ich welches Rennen fahre. Plötzlich hatte ich meine Serviceleute, und es ging ans Testen. Für jede Disziplin solltest du schon im Frühjahr deine Ski parat haben. Wenn die Ski ganz neu sind, solltest du sie auch lange genug einfahren. Am besten sind die Ski, wenn die Kante schon ganz dünn wird. Dann kannst du sie zwar nicht mehr oft hernehmen, aber in diesem Stadium sind sie oft am direktesten zu fahren und folglich am schnellsten. Darum hat jeder seine speziellen Ski in Verwahrung, die er nur für besondere Rennen auspackt.

Am Anfang wollte ich beim Material natürlich auch überall mitreden. Der Andi Schifferer hat sich hingegen fast nie um seine Ski gekümmert. Er hat genommen, was ihm der Serviceman am Start in die Hand gedrückt hat. Erst habe ich das nicht verstanden, aber heute mache ich es ähnlich. Den Job mußt du die Serviceleute machen lassen, und du mußt ihnen vollkommen vertrauen, sonst machst du dich verrückt. Das ist natürlich eine große Vertrauensfrage, aber das Vertrauen habe ich zu ihnen. Mit dem

Thomas Bürgler bin ich ja noch selbst Rennen gefahren, und der Edi Unterberger ist so lange im Geschäft, der hat schon alles erlebt.

Die anderen im Team beäugten mich wahrscheinlich ebenso interessiert wie ich sie. Meine Geschichte hatte sich ja bis dahin in den Medien etwas verselbständigt, jeder schilderte den Einstieg des Hermann Maier noch spektakulärer. Und jetzt war ich auf einmal im Team.

Mit den meisten kam ich gleich von Beginn an klar. Im Training imponierte mir der Pepi Strobl sehr. Der sucht sich das für ihn beste aus dem jeweiligen Trainingsprogramm heraus, der weiß genau, was er braucht, obwohl er noch ziemlich jung ist. Der Hans Knauss galt und gilt als potentieller Weltcup-Gesamtsieger, aber er ist keiner, der als Star dastehen möchte. Er war der erste, mit dem ich am Abend ausging. Einige andere wie den Patrick Ortlieb traf ich das erste Mal beim Schneetraining in Übersee, da war es schon August. Daß der Patrick Olympiasieger war, das hatte ich damals gar nicht so recht registriert. Irgendwie ist das an mir vorbeigegangen, ich war zu der Zeit ja noch gar nicht im Team gewesen. Ich hatte immer den Eindruck, daß die mehr Respekt vor mir hatten als ich vor ihnen. Das hatte wohl auch mit unserer Trainingsgruppe zu tun: Die Gruppe vom Toni Giger, die Riesentorlauf und Super G trainierte, war immer die lockere Partie. Nicht im Training, da ging es recht konzentriert zu. Aber neben der Piste waren da mit dem Hans Knauss, dem Andi Schifferer oder dem Pepi Strobl Leute, die auch einmal über etwas lachen konnten.

Was für mich aber letztlich am schwierigsten war: Ich mußte mit den Trainern zusammenarbeiten. Im Team hörten alle genau auf sie, egal was sie sagten. Ich hörte dagegen immer nur auf mich und meinen Körper. Ein Beispiel: Im Training muß ich öfter einfahren als andere, ehe ich weiß, daß ich da mit einer hohen Geschwindigkeit auch sicher durchkomme. Es ist Ermessenssache, bis du glaubst, daß du für den Schwung das richtige Gefühl hast. Das war früher einfacher für mich: Daheim in Flachauwinkel fuhr ich so lange ein, wie ich wollte, und dann fuhr ich erst durch die Tore. Das war mein Training.

Jetzt gab es plötzlich ein Tagesprogramm, da stand „3 x Einfahren" drauf, und danach machten wir die Zeitläufe. Das war eine Umstellung. Schließlich muß ja der Läufer wissen, daß er gut auf dem Ski steht und ein gutes Gefühl hat, und nicht der Trainer. Manche haben dann anfangs geglaubt, daß ich ihnen in ihr Programm pfuschen will, wenn ich länger einfahre. Das war natürlich ein Blödsinn. Aber es hat gedauert, bis wir einander kennengelernt haben.

Die Struktur im Team ist schwierig zu verändern. Die Trainingsgruppe mit dem Toni Giger hat das gut umgesetzt, das hat letztlich auch mit der Größe der Gruppe zu tun. Wir sind eher die Allrounder, die Techniker, daher kann auch nicht jeder immer das gleiche Training absolvieren wie die anderen. Einer braucht mehr Riesentorlauf- oder mehr Super-G-Läufe, das ist verschieden. Der Toni sieht das und macht das eigentlich immer recht souverän. Ich fuhr beim ersten Übersee-Training eher frei, andere absolvierten wiederum mehr Läufe. Bis dahin hatten wir uns schon zusammengerauft. Aber bei der Vielzahl der Läufer und der Größe des Teams ist es in Österreich sehr schwierig, mit jedem Läufer allein zu arbeiten, das sehe ich ein. Das ist der Fluch der enormen Leistungsdichte im österreichischen Skisport.

Mein Respekt galt zu diesem Zeitpunkt mehr den Leuten, von denen ich fahrerisch etwas lernen konnte. Wenn ich von Vorbildern rede, dann muß ich immer den Rudi Nierlich erwähnen. Er fuhr zu seiner Zeit in einer Art und Weise Ski, mit der er allen anderen überlegen war. Beim Nierlich hatte ich auch immer das Gefühl, daß er sich nichts sagen läßt, daß er seinen eigenen Stil fährt, egal was jetzt im Training auf dem Programm steht oder wie man jetzt fahren soll. Das hat ihn wahrscheinlich so stark gemacht: Er hat nur an sich geglaubt. So wollte ich es auch machen oder zumindest versuchen.

Fasziniert haben mich auch Lasse Kjus und Alberto Tomba. Die hatten beide eine gute Technik, klar, aber bestimmend wurden sie erst durch ihre Athletik. Das kam meiner Vorstellung vom Skifahren schon recht nahe. Das erste Duell mit Tomba hatte ich ja schon in Flachau: Ich war der letzte Vorläufer, er die Nummer eins im Rennen. Er hat mich nicht einmal ignoriert, aber mittlerweile weiß er, wer da vor ihm gefahren ist.

Den Toni Giger traf ich das erste Mal bei meinem Weltcup-Debüt in Hinterstoder. Mein Verhältnis zu den Trainern war zu diesem Zeitpunkt schwierig, ich betrachtete sie immer als die großen Trickser hinter der dunklen Sonnenbrille. Für mich waren die Trainer die, die immer nur von ihren eigenen Burschen überzeugt sind und nicht von den anderen. Genau das mußte ich ja jahrelang an mir selbst spüren und erleben.

Wenn man lange Zeit mit einem Athleten zusammenarbeitet, dann kennt man seine Stärken und seine Schwächen natürlich sehr gut. Man beginnt an seinen – oder besser gesagt: gegen seine – Schwächen zu arbeiten, und der Läufer wird das Produkt seiner Trainer. Dann ist man trotz aller Fehler von seinem eigenen Fahrer mehr überzeugt als von allen anderen, und man sieht mehr Entwicklungen als bei anderen. Das ist unterm Strich aber auch logisch.

Der Toni ist dafür ein ganz gutes Beispiel. Er hat seinen eigenen Stil, er hat eine sehr genaue Vorstellung vom Skifahren, und die will er natürlich seiner Gruppe vermitteln. Jeder soll möglichst diesen Weg gehen und diesen Stil fahren. Aber in meinen Augen funktioniert das nur beschränkt, vor allem funktioniert es nicht im technischen Bereich. Der eine ist vom Körperbau stärker, der andere ist kleiner, der dritte breiter, der vierte fährt mehr mit Kraft, ein anderer wieder vermehrt mit Technik. Ich selbst bin immer einen ganz eigenen Stil gefahren, immer auf beiden Beinen, immer mit viel Kraft und Druck. Ich wollte mich zu diesem Zeitpunkt auch nicht mehr umstellen. Ich hatte früher so oft auf andere gehört, etwas ausprobiert, das mir im Endeffekt nicht geholfen hatte. Mittlerweile wußte ich, welchen Stil und wie ich fahren wollte, eine Änderung erschien mir wenig sinnvoll.

Das war vielleicht auch schwierig für ihn zu akzeptieren, immerhin ist er der Trainer und in letzter Konsequenz für Erfolge und Mißerfolge seiner Mannschaft verantwortlich. Nach kurzer Zeit haben wir uns aber schon gut verstanden, er hat gemerkt, daß ich nicht dieselbe Technik wie die anderen habe. Wir haben uns in vielen kleinen Schritten angenähert. Ich bin auch keiner, der unendlich viel diskutiert, ich will einen Schritt nach dem anderen gehen. Ich denke auch nicht zu weit vor. Das überlasse ich lieber dem Toni, der ist Analytiker. Es ist bewundernswert, was der alles weiß und in seinem Computer gespeichert hat. Der weiß auf Knopfdruck, wer wann in welcher Kurve gut gefahren ist und warum. Ich probiere es dagegen lieber aus, warum ich in einer Kurve schneller oder langsamer bin. Das ist auch okay, nur mußt du die Dinge, die du herausfindest und spürst, auch so umsetzen und nicht gleich eine andere Technik annehmen, wenn es einmal nicht so läuft.

Jeden Abend mit den gleichen Leuten am Tisch, das war auch eine von diesen Umstellungen. Da gibt es Wortführer und Schmähbrüder und solche, die sich eher zurückhalten. Am Anfang hielt ich mich bewußt mehr im Hintergrund, ich wollte nicht zuviel sagen, das erschien mir sinnvoller.

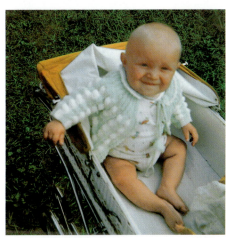

Hermann (re) mit Bruder Alexander

Hermann mit Nachbarkindern

Hermann (re) mit Mitschülern

Vater Hermann sen., Mutter Gerti, Freundin Petra, Hermann

Ehrung als Europacup-Sieger im März 1996, mit Petra

Rechte Seite: Hermann mit seiner Ducati Monster

Hermann im Sommer 1998 bei einem Benefiz-Fußballspiel mit prominenten Teilnehmern, dessen Erlös karitativen Organisationen zur Verfügung gestellt wurde. Im Bild oben mit Gerard Mortier, dem Intendanten der Salzburger Festspiele

Mit Arnold Schwarzenegger in L. A.

Empfang durch die Heimatgemeinde Flachau nach der Weltcup-Saison 1997/98.
Bild oben: Verleihung der Ehrenbürgerurkunde und des Ehrenringes
Bild unten: Hermann mit seiner Freundin Petra

... und noch mehr Lehrgeld

Vor der Saison 1996/97 war ich der Meinung, daß ich eigentlich schon genug Lehrgeld im Skisport gezahlt hatte, um dort hinzukommen, wo ich war. Andererseits war das auch noch nicht sehr weit. Gut, ich war im Team, ich hatte meinen Weg gegen alle Widerstände beschritten. Nur: Jetzt kam das Jahr der Wahrheit. Der ganze Druck hatte sich auf mir aufgebaut, obwohl ich das nicht wollte. Aber ich konnte es auch nicht verhindern.

Sollte es in diesem Winter nicht laufen, dann würde für alle klar werden, daß ich überschätzt worden bin, daß es leider doch keinen Quereinsteiger im Weltcup geben kann, daß die Geschichte des Hermann Maier aus Flachau doch eher nur eine faszinierende Story für die Journalisten war. Läuft es dagegen gut, dann sieht der Verband nicht gut aus und muß wohl einige peinliche Journalistenfragen beantworten. Diese Gedanken schob ich zunächst weit weg. Jetzt beginnt deine zweite Karriere, dachte ich, jetzt wird alles anders. In der ersten hast du schon genug Lehrgeld zahlen müssen, das hört sich jetzt auf.

Doch das sollte sich als völlig falsch herausstellen. Es war eine Saison, die rückblickend durch Erkrankungen und eine Verletzung völlig verkorkst war, aber ein so tolles Finish hatte, daß ich darauf für den Olympia-Winter aufbauen konnte.

Aber alles der Reihe nach: Als Europacup-Sieger hatte ich einen unschätzbaren Vorteil – einen Startplatz in der betreffenden Disziplin. Die Riesentorlauf-Wertung konnte ich gewinnen, im Super G reichte es nicht mehr, weil am Schluß zwei Rennen gestrichen wurden. So war ich vorerst einmal Riesentorläufer – kein Abfahrer, kein Super-G-Läufer, ich war schlicht und einfach der eine mit dem Riesentorlauf-Freiplatz.

Langsam wurde mir das ganze Strukturproblem im ÖSV bewußt – und ich steckte mittendrin. Bei der Vielzahl der Läufer gibt es fast nur noch Spezialisten. Jeder erkämpft sich in seiner Disziplin einen Platz für das Team und damit für die Zukunft. Von der Position aus mußt du dir dann einen zweiten Platz und dann vielleicht sogar noch einen dritten Startplatz erkämpfen. Aber jeder dieser Plätze geht wiederum auf das Konto eines anderen Läufers und setzt folglich in den meisten Fällen eine sportliche Ausscheidung gegeneinander voraus. Darum hat sich Österreich so lange mit Allroundern und Weltcupsiegern schwer getan. Wenn du in Österreich vier Disziplinen fahren willst, mußt du dich im schlimmsten Fall viermal qualifizieren.

Natürlich gibt es dazu den logisch klingenden Einwand, daß du ja ohnehin keine Startberechtigung hast, wenn du dich nicht einmal intern qualifizieren kannst. Aber der Alltag sieht anders aus: Wenn du zwei Wochen bei Abfahrtsläufen im Weltcup unterwegs bist, stehst du in der Regel zwei Wochen nicht auf deinen Riesentorlauf-Brettern. Die Riesentorläufer haben aber genau in dieser Phase die Zeit zum Training und zur Regeneration. Dann kommst du zur Ausscheidung und fährst gegen Fahrer, die sich in Ruhe genau darauf vorbereitet haben.

Letztlich läuft es im Weltcup auch nicht mehr anders: Auf den Riesentorlauf in Alta Badia können sich Alberto Tomba oder Michael von Grünigen in Ruhe vorbereiten. Für die Allrounder oder die Riesentorläufer, die auch die Abfahrt bestreiten, sieht das ganz anders aus: Die haben erst drei Trainingstage, am Samstag ist das Rennen angesetzt, und anschließend rasen sie im Auto über das Grödner Joch, oder sie fliegen gleich mit dem Helikopter nach Alta Badia weiter, wo am nächsten Tag der Riesentorlauf ansteht. Wenn du das Pech hast, daß in Gröden Nebel herrscht oder gar Schneefall, sitzt du vier Tage in Wolkenstein herum, während die jeweiligen Spezialisten unterdessen in Sestriere oder sonstwo bei guten Bedingungen Riesentorlauf trainieren. Dieses Programm sollen einmal alle mitmachen, die diskutieren, warum es im Weltcup kaum mehr Allrounder gibt.

Diese Gedanken kamen damals fast zwangsläufig auf. Ich hatte, wie schon erwähnt, meinen Riesentorlauf-Platz sicher, aber das war mir zuwenig. Beim Saisonstart im Oktober 1996 in Sölden schied ich aus. Das nahm ich aber nicht weiter tragisch, denn die eigentliche Saison würde ja erst im November in Amerika beginnen.

In Park City lief es gleich ganz ausgezeichnet: Beim Riesentorlauf belegte ich Rang sechs, eine Woche darauf in Breckenridge nach einem Fehler nur Rang 22. Ich fühlte mich zu diesem Zeitpunkt schon nicht mehr so gut in Form, ich war müde und fühlte mich irgendwie schlapp und krank. Die Hoffnung auf die bevorstehende Rückkehr nach Europa und den ersten Super G der Saison in Val-d'Isère hielt mich aufrecht. Für diesen Super G rechnete ich mir sehr viel aus, doch es kam ganz anders. Beim Rückflug wurde ich endgültig krank.

Wir kamen in Genf an, und der weitere Terminplan war so eng, daß wir gleich nach Val-d'Isère weiterfuhren. Beim ersten Training fehlten noch die Ski, die waren in den Cargo-Transportern der Fluglinie und kamen nicht rechtzeitig nach Frankreich. Jeden Tag sind zweimal Lkw nach Genf und Zürich gefahren, um die Ski abzuholen, und nach zwei Tagen war dann das erste Abfahrtstraining so recht und schlecht möglich.

Für mich spielte das alles keine Rolle mehr, ich war krank, und somit war das Val-d'Isère-Wochenende gelaufen. Meine Stimmung war folglich nicht die beste. Es wäre mein erster Super G seit dem Weltcup-Finale in Lillehammer gewesen, damals war ich Elfter, diesmal wollte ich noch mehr. Bevor ich nach Hause fuhr, wollte ich zumindest von den Trainern die Zusage, daß ich beim nächsten Super G dabei sein konnte. Der nächste Super G war allerdings erst im Januar in Laax in der Schweiz. Langsam wurde mir nämlich klar, daß ich ohne Super G auf meinem Riesentorlauf-Platz sitzenbleiben würde. Die Trainer beruhigten mich: In Laax sei ich sicher dabei. Das war wenigstens ein kleiner Lichtblick nach der verkorksten Woche.

Über Weihnachten wollte ich eigentlich hart trainieren, aber ich war ständig verkühlt und fühlte mich nicht gut. Zudem hatte ich mit der Abfahrt von Bormio spekuliert. Irgendwann wollte ich nämlich auch in der Abfahrt am Start stehen, doch die Trainer vertrösteten mich. Schließlich trainierte ich über Weihnachten und Neujahr nur Riesentorlauf und kam auch nur in dieser Disziplin zum Einsatz. Doch da waren die Rennen von Sölden, Park City, Breckenridge und Alta Badia schon vorbei. Die Zeit arbeitete gegen mich: Im Februar stand schon die WM in Sestriere auf dem Programm.

Der erste Riesentorlauf des neuen Jahres lief auch nicht ganz nach Plan. Es war fast kein Schnee in Kranjska Gora, neben der Piste konnte man nicht einmal einfahren, weil so viele Steine herumlagen. Zudem behagt mir der Hang dort nicht besonders, ich mag eher längere und schwierige. Für den Slalom ist Kranjska Gora in Ordnung, aber für den Riesentorlauf eine Spur zu kurz. Rang 14 war die Plazierung, doch viel wichtiger war mir, daß ich mich erstmals seit zwei, drei Wochen wieder vollkommen fit fühlte.

Dann kam Chamonix. Meine erste Nominierung für eine Weltcup-Abfahrt. Für mich war es die Wende. Es war das Zeichen, daß meine Trainingsleistungen in der Abfahrt respektiert wurden, und ich konnte noch mehr. Vor allem: Ich wollte noch mehr.

Für mich war fast alles neu. Meine letzte Abfahrt war ich vor Chamonix vor genau einem Jahr, im Januar 1996, gefahren. Damals war ich im Europacup, es lief recht gut, und wir waren die meiste Zeit in Frankreich unterwegs. Diesmal ging es also auch nach Frankreich, und wir wollten Luc Alphand sein Heimspiel verderben. Ich war gut drauf, ziemlich optimistisch und wollte im Training nicht zuviel riskieren; das wollte ich mir für das Rennen aufheben.

Es kam aber wieder einmal ganz anders. In den beiden Trainings war ich einmal Dritter und einmal Vierter und noch dazu jeweils der bestklassierte Österreicher – ohne voll zu fahren. Bei der Analyse stellten wir fest, daß ich im oberen Teil jeweils Bestzeit gefahren war. Nach dem zweiten Training wurde ich im Ziel gefragt, ob ich hier gewinnen könnte. Es war komisch, denn so richtig hatte ich noch nicht daran gedacht. Aber wenn du nicht voll fährst und zweimal so weit vorne bist, dann ist die Überlegung nicht so ungewöhnlich. Da kommt sehr schnell der Punkt, an dem du nicht mehr zu bremsen bist. Du denkst dir: Da ist noch so viel drinnen, da kannst du noch um so viel schneller fahren.

Vor dem Rennen kam Cheftrainer Werner Margreiter noch einmal zu mir und warnte mich. Ich glaube, er spürte, daß ich viel, vielleicht zu viel, wollte. „Übertreibe es nicht, fahr lieber eine saubere Linie, steck lieber einmal zurück. Du bist so auch schnell genug", erklärte er mir. Das klang alles gut und vernünftig. Aber wieviele Rennen war ich denn bis dahin gefahren?

... und noch mehr Lehrgeld

Wann kriegte ich denn wieder die Chance auf eine Abfahrt? Schließlich war ich ja in Bormio auch nicht dabei.

Mein Problem im Rennen war dann ein ganz anderes. Mein Problem war die Startnummer 56: Es war ein Neuschnee-Rennen, und wir konnten im Training nie die oberste Passage fahren. Am Renntag waren aber die Bedingungen besser, und sie hatten den Start ganz nach oben verlegt. Die Bedingungen waren mir unbekannt, die Linie auch, ich wußte nur, daß ich im anschließenden unteren Teil sehr gut gefahren war. Durch den Neuschnee waren während des Rennens tiefe Löcher in der Piste entstanden, aber die konnte ich ja von oben nicht sehen.

Kaum war ich aus dem Starthaus heraußen, verschlug es mir gleich den Ski, und ich kam in eine ziemliche Schräglage. Ich fuhr viel zu wild für die Piste. Aber das war mir egal, ich wollte ja einen Spitzenplatz herausfahren. So war ich praktisch von Beginn an völlig am Limit, es war nur eine Frage der Zeit, bis es passierte. Die meisten wußten schon, was kommen würde, aber es überraschte mich dennoch, als ich plötzlich abhob. Mit einem ziemlichen Tempo ging es durch die Luft in Richtung Fangzaun, und dort bekam ich erst einmal keine Luft.

Zwei Dinge habe ich bei diesem Sturz gelernt: Erstens, daß ich in Zukunft schnell aufstehen werde. Denn meine Eltern und die Petra in Flachau waren ziemlich erschrocken und besorgt, als ich da so wie ein Frosch im Zaun lag und verschnaufte. An das erinnerte ich mich später in Nagano: Nach meinem Abfahrtssturz stand ich sofort auf und winkte, damit sich daheim niemand ängstigt. Die zweite Erkenntnis betraf den Zaun: Wenn ich da jemals wieder hineinfliege, dann möglichst nicht gegen die Plastikhalterungen. Erst viel später sah ich auf einem Video, daß ich mir gar nicht an der Absperrung das Handgelenk gebrochen hatte, sondern mir diese Verletzung bei einer Drehung in der Luft mit dem Ski-Ende zugezogen hatte.

Hinterher sagte der Werner zu mir: „Zum Glück hat es dich schon in der oberen Passage erwischt, weiter unten hättest du dich bei einem Abflug weit mehr verletzen können." Die Erleichterung, daß ich so glimpflich davongekommen war, war ihm anzusehen.

Zwei Tage später wurde ich in Salzburg operiert, und die verletzte Hand war schnell wieder okay. Das war mir wegen dem Super G in Laax wichtig.

Die WM war zum Abhaken, aber einige Rennen und Punkte wollte ich in diesem Winter noch machen. Und den Super G von Laax, den hatten sie mir ja in Val-d'Isère versprochen. Aber dann ging es noch um die WM-Aufstellung, und ich war wegen meiner Verletzungspause ja ohnehin nicht im Aufgebot, darum hatten sie mich für Laax nicht aufgestellt.

Das war für mich eine herbe Enttäuschung: weniger der Umstand, daß ich nicht fahren konnte, sondern die Tatsache, daß mir ein Start zugesichert worden war und jetzt dieses Wort nicht mehr galt. Das empfand ich als glatten Wortbruch. Das war der Punkt, an dem ich härter wurde, an dem ich begann, auf meinen Rechten zu beharren. Und ich hatte etwas dazugelernt: Bis dahin dachte ich, nur die Kaderqualifikation sei schwierig. Spätestens da wußte ich, daß es eben auch im Team wenige oder gar keine Freundschaften gibt.

Bei der folgenden WM 1997 war ich nicht dabei. Das hatte eine komische Auswirkung. Es gab wenige Medaillen für die Österreicher, nur Renate Götschl holte in der Damenkombination Gold. Die Herren, die bis dahin den ganzen Winter über fast alles gewonnen hatten, kamen ohne WM-Titel nach Hause. Zudem waren sie vom Glück nicht gerade verfolgt: In der Abfahrt verschenkten sie in der Zielkurve nacheinander mögliche Medaillen. Dieses Rennen sah ich im Fernsehen, und gegen Ende der WM hatte ich den Eindruck, daß jetzt alle heilfroh darüber waren, daß das WM-Theater wieder vorbei war.

Ich dagegen war noch heiß und voll motiviert. Meine Rennen sollten erst kommen: Gleich nach Sestriere ging es weiter in den Weltcup nach Garmisch-Partenkirchen. Meine Form war gut, ich fühlte mich frisch, und meine Krankheiten und Verletzungen waren auch allesamt kuriert. Garmisch läutete den letzten Monat im Ski-Weltcup ein, und den anderen waren der Frust der WM und die Strapazen anzusehen. Es standen nacheinander zwei Super G auf dem Programm, und schon beim ersten war mein Fanklub da. Das war zwar nichts ungewöhnliches, doch diesmal hatten sie sich etwas besonderes einfallen lassen: Sie rückten mit einem Transparent aus, auf dem eine kleine, fette rosa Sau auf Skiern zu Tal rast. Daneben stand: „Good luck, Hermann." Das war der letzte Kick, den ich noch gebraucht hatte.

Im ersten Super G am Samstag wurde ich Zweiter. Nach dem Rennen kam der Fanklub in unser Mannschaftshotel. Wir blödelten ein bißchen, und ich mußte ihnen versprechen, daß ich am folgenden Tag meinen ersten Weltcup-Lauf gewinnen würde. Sie wollten nämlich beim ersten Sieg unbedingt dabei sein, denn die darauffolgenden Rennen in Lillehammer, Nagano und Vail waren allesamt zu weit weg. Diesen zweiten Super G gewann ich dann tatsächlich. Es war mein erster Weltcup-Sieg.

Bei der Pressekonferenz, die in Garmisch-Partenkirchen immer im Kur-Café stattfindet, fragte mich dann ein Reporter, ob ich denn die Anzahl meiner Weltcup-Rennen bis zum ersten Sieg wüßte. Das wußte ich natürlich nicht auf Anhieb. „Viele waren es nicht", antwortete ich zunächst, und dann zählte ich nur die Super-G-Läufe zusammen. „In Lillehammer beim letztjährigen Weltcup-Finale bin ich einen Super G gefahren, dann lange nichts – und dann erst gestern und heute. Macht drei Weltcup-Super-G."

Mittlerweile weiß ich, daß die Rennen in Garmisch meine Weltcup-Läufe Nummer zehn und elf waren. Beim zehnten war ich erstmals auf dem Siegespodest, den elften gewann ich.

Während die anderen das Saisonende täglich mehr herbeisehnten, fühlte ich mich stark wie bei einem Saisonstart. Und ich hatte das eigenartige Gefühl, daß ich erst am Anfang stand.

„Du siehst den Wald vor lauter Bäumen nicht."

Mit diesen blumigen Worten, die auf den ersten Blick eigentlich recht wenig mit dem Skisport zu tun haben, umschreibt Herren-Cheftrainer Werner Margreiter die Umstellung in den Kaderplanungen des ÖSV, in die Hermann Maier letztlich genau gepaßt hat und die ihm auch zu Gute gekommen ist.

Als Margreiter 1992 Cheftrainer der Herren wurde, setzte der ÖSV in einem Weltcup-Winter 31 Läufer regelmäßig ein. Es war die große Zeit der Spezialisten: hier die Abfahrer, dort die Slalomfahrer und daneben die Riesentorläufer. Einen Allrounder, der mehr Disziplinen fuhr, gab es kaum, denn er mußte sich in allen Disziplinen gegen die jeweiligen Spezialisten durchsetzen – in der internen ÖSV-Qualifikation, wohlgemerkt. Das lief einst sogar mit einem Zeit-Handicap-System. Weil die Spezialisten eine bessere Startnummer und damit die schnellere Piste haben als ein Fahrer mit Startnummer 55, mußte dieser bei der Qualifikation nicht nur schneller sein; er mußte auch das Zeit-Handicap gut machen – mitunter sogar bis zu 1,2 Sekunden pro Lauf. „Als ich den Job übernommen habe, da war mir auch klar, daß wir so niemals einen Weltcupsieger stellen werden", erklärt Margreiter. „Das haben uns auch viele ÖSV-Betreuer bestätigt", erinnert sich auch Toni Giger, der damals zusammen mit Margreiter ein neues System entwickelte: eine übergreifende Trainingsgruppe, die sich nicht mehr nur um die Spezialisten kümmert, sondern vom Europacup weg Leute als Allrounder in die Spitze bringen soll. Der Name: „WC III", in Anlehnung an die Weltcup-Gruppe (WC) Abfahrt/Super G und die Weltcup-Gruppe Slalom/Riesentorlauf. Sportlicher Eckpfeiler im System war ein neuer Qualifikationsmodus. Kein neuer Läufer konnte sich fortan nur noch über die Abfahrt oder den Super G für eine Weltcup-Gruppe qualifizieren, er benötigte auch eine technische Disziplin, also fast immer den Riesentorlauf.

„Das Ende von Österreich als Abfahrtsland." Das waren die Reaktionen, die Margreiter und Giger für diesen Vorstoß ernteten. Auf ihrem Weg bekamen die beiden auch die komplexe Verbandsstruktur des ÖSV zu spüren. Der Österreichische Ski-Verband besteht aus seinen neun Landesverbänden. „Jeder Läufer hat einen Landesverband hinter sich, der für diesen Läufer im Team kämpft", erinnert sich Margreiter, der selbst sagt, daß er diese Widerstände anfangs unterschätzt hat.

Derzeit kommen im ÖSV-Herrenteam pro Winter nur noch rund 20 Läufer zum Einsatz. Mit diesen reduzierten Kadern kommen die verbliebenen Fahrer zu mehr Einsätzen. Margreiter: „Nachdem ich also die Bäume ausgemistet hatte, konnten die anderen besser wachsen." Dafür nahm er sogar das Risiko in Kauf, vielleicht einmal den falschen auszusortieren. „Wenn ich von 20 Läufern zehn aussortiere, dann weiß ich, daß ich vermutlich auch einen potentiellen Weltcupsieger zu früh ausgemustert habe. Doch ich weiß auch, daß unter den zehn verbliebenen Läufern zumindest ein Weltcupsieger steckt, und der hat jetzt weit bessere Voraussetzungen."

II.
ERSTE ERFOLGE

Wunderski und Abfahrtsstreit

Die neue Saison fängt, streng genommen, nicht mit dem Weltcup-Auftakt an; sie beginnt exakt am Tag oder bestenfalls eine Woche nach dem Saisonschluß. Von da an laufen die Tests für den nächsten Winter. Das beginnt bei den Skiern und endet bei Kleinigkeiten, etwa am Schuh oder bei der Bindung. Bei Atomic haben wir hier einen erheblichen Vorteil: Ein Großteil des Teams, speziell im Riesentorlauf, fährt dieses Material. Da gibt es frühzeitig sehr viele Testerkenntnisse, die noch in die Entwicklung einfließen. Die Ski, mit denen du dann fährst, mußt du dir selbst aussuchen und testen, diese Arbeit nimmt dir keiner ab. Aber zehn Fahrer können in der Entwicklungsphase bessere Tips geben als nur zwei oder drei.

Die meisten bei Atomic beschäftigten sich im Frühjahr 1997 mit den neuen Renn-Carvern. Das ist eine Entwicklung, die teilweise aus dem Rennsport kommt und da schon vorweggenommen wurde und danach in ihrer Weiterentwicklung wieder in den Rennsport zurückkam. Der Ski wurde zum ersten Mal bei den österreichischen Meisterschaften probiert; Hans Knauss fuhr ihn.

Ich war zu diesem Zeitpunkt in Japan, wo ich mit dem Sigi Voglreiter für Atomic an einem Racing Camp teilnahm. Ich beschäftigte mich damals mit ganz anderen Einstellungen: mit der Plattenhöhe, der Stellung der Bindung und dem Fersenwinkel. In der Fachsprache nennt man das „Sprengung". Wir mußten uns nämlich auch auf ein neues Regelwerk einstellen: Die Höhe der Platten auf dem Ski wurde reglementiert. Bisher konnten wir mit einem Abstand von 60 Millimeter zwischen Ski-Unterkante und der Ferse im Skischuh fahren, von Herbst 1997 an nur mehr mit 55 Millimeter. Das mag auf den ersten Blick lächerlich klingen, doch wenn du einen Parameter veränderst, stimmt das ganze System nicht mehr. Die Plattenhöhe ist ja auch auf die Taillierung der Ski – also auf die Breite der Schaufel und der Enden – abgestellt. So beschäftigte ich mich gar nicht mit diesem Ski, sondern konzentrierte mich mehr auf die neue Abstimmung. Schließlich war ich mit dem bisherigen Material nicht unzufrieden.

Atomic-Rennsportleiter Toni Schutti seinerseits wurde der Ski praktisch aufgezwungen. „Auf Auftrag des Vorstandes sollten wir uns mit der Einsatzmöglichkeit der Carver im Rennsport beschäftigen, wobei die Marketingabteilung natürlich stark auf einen Einsatz dieser Modelle gedrängt hat", erzählt Schutti. Erfahrungen mit taillierten Skiern hatte man genug. Im Ski-Rennsport hat sich in den letzten Jahren ein reger Wettkampf zwischen Kurssetzern und den Ski-Produzenten entwickelt. Die Kurssetzer veränderten aus Sicherheitsgründen die Strecke immer mehr, die Abfahrten werden den früheren Super-G-Teilen immer ähnlicher. Ein Beispiel ist Langentreien, eine unspektakuläre Stelle bei der Lauberhorn-Abfahrt von Wengen. Das ist der Teil nach der Bahnunterführung. Klammer & Co. rasten hier in der Hocke geradeaus hinunter, und heute gleicht diese Passage eher einem Super-G-Kurs; es wurde Tempo aus dem Rennen genommen.
Die Industrie reagierte mit immer stärker tailliertem Material, also mit Skiern, die im vorderen und hinteren Teil verbreitert sind, um auf diese Weise eine bessere Kantenführung und eine frühere Schwungauslösung zu gewährleisten. Die Folge: Die Läufer bremsen in den Kurven nicht mehr ab, sie bekommen in den Kurven unglaublich viel Druck und, wie sie selbst sagen würden, „einen Zug auf den Ski". Sie beschleunigen also aus der Kurve heraus, anstatt Tempo zu verlieren. Diese Entwicklung schien einen neuen Trend zu setzen, ehe Plattenhöhe und Taillierung vom Internationalen Ski-Verband FIS normiert wurden. Viele Insider vermuten, daß der tragische Todessturz der Salzburger Skirennläuferin Ulrike Maier mit den damals neuen Taillierungen der Ski in Zusammenhang stehen könnte. Die Staatsanwaltschaft München hatte die Ski nach dem Sturz beschlagnahmt, aber beim Prozeß wurde eine mögliche Verschuldensfrage nicht geklärt.
Die ersten Tests mit dem neuen Ski verliefen wenig ermutigend. Daran erinnert sich auch Hermann Maier:

> „Vor dem Trainingslager in Chile im Spätsommer bin ich diesen Ski erstmals gefahren. Ich war nicht überzeugt davon. Mit dem alten Ski war ich immer schneller."
> Doch Marketingabteilung und Vorstand von Atomic drängten auf den Einsatz der neuen Technologie. Und man kam mit der Entwicklung wieder einen Schritt vorwärts: Frei gleitende Bindungsplatten und ein frei gleitender Kern im Ski sollen die Flächen-Druck-Verteilung zwischen Ski und Schnee verbessern. Denn bisher waren Bindung und Schuh die Problemzone bei jedem Rennski; an dieser Stelle war der Ski sehr steif, hier wurde der geringste Druck auf den Schnee gebracht. Das sollte durch die frei gleitende Bindungsplatte optimiert werden.

Doch die Läufer, Trainer und Journalisten hatten zwei Wochen vor dem Weltcup-Start in Tignes andere Sorgen. Die Presse forderte wieder einmal den ersten österreichischen Weltcup-Gesamtsieger seit 1970 ein, die Trainer machten sich Gedanken über die Aufstellung und einige Läufer noch über das Material. Zwei Wochen vor Tignes standen dann Trainingskurse in Sölden und Pitztal an. Und die noch junge Beziehung zwischen mir und dem ÖSV war erneut einer Belastung ausgesetzt. Ich erschien nicht bei den Trainingskursen.

Als ich aus Chile zurückkam, bemerkten wir, daß sich meine körperlichen Werte plötzlich radikal verschlechterten. Ich wollte vor der Saison noch eine längere Pause einlegen, um an der Kondition zu arbeiten. Das gab eine wilde Streiterei, denn im Pitztal war die Abfahrtsqualifikation angesetzt. Ich hatte aber meine Werte im Kopf, darum wollte ich nicht ins Pitztal. Auf ein Qualifikationstraining wird es wohl nicht ankommen, war mein Gegenargument. Aber die Drohung der Trainer stand im Raum: Wenn ich da nicht fahre, dann bin ich bei der ersten Saison-Abfahrt nicht dabei. Das ist traurig, wenn es tatsächlich so sein sollte, dachte ich. Dennoch riskierte ich es und blieb zum Training in Obertauern, anstatt die Qualifikation zu bestreiten.

Zum Weltcup-Auftakt Ende Oktober nach Tignes kam ich mit dem alten Material im Gepäck. Beim letzten Training war ich mit dem alten Ski immer noch schneller, und beim ersten Rennen wußten wir ohnehin nicht, wie wir dran waren. Es handelte sich um einen neuartigen Bewerb, das sogenannte Parallelrennen. Zwei Läufer fuhren gegeneinander einen kombinierten Lauf aus Slalom und Riesentorlauf. Dazu verwendeten wir die Damen-Riesentorlauf-Ski, weil die kürzer sind, aber besser zum Streckenprofil gepaßt haben als die Slalom-Ski. Richtig angegangen ist es dann einen Tag später mit dem Riesentorlauf. Einige verwendeten schon den neuen Ski, und der ging wirklich sensationell. Der Hans Knauss fuhr damit im ersten Lauf Bestzeit und der Stefan Eberharter im zweiten Durchgang. Das war das Zeichen für mich, daß ich in Zukunft ebenfalls mit diesem Ski fahren würde.

Meine Bilanz in Tignes war in Ordnung, ich war zweimal Dritter, nur das Preisgeld hatte ich mir selbst reduziert: Weil ich mich mit dem Andreas Schifferer bei der Startnummern-Auslosung verspätet hatte, mußte ich zehntausend Schilling in die Mannschaftskasse zahlen. Damit waren wir doppelt gestraft, denn für uns blieben auch nur mehr die zwei schlechtestmöglichen Nummern übrig.

Eine Woche später flogen wir schon nach Breckenridge zum Training. Bei den Überseerennen in Amerika wollte ich auch auf den neuen Ski umsteigen. Zwar hatte ich den alten noch eingepackt, aber das war nur meine Rückversicherung. In den USA fuhr ich vom ersten Training an den neuen Renn-Carver.

Die erste Generation der Carver war noch mehr geschäumt, die zweite Generation war dann stabiler im Aufbau. Die passenden Modelle fand ich sehr schnell heraus. Im Riesentorlauf hatte ich zwei Paar, im Super G ebenfalls. Das war zumindest am Anfang so, denn ich fand sehr bald schon meine Ski für die Olympischen Spiele und hob sie mir auf. Im Super G war es der Ski, mit dem ich in Garmisch-Partenkirchen gefahren war, und so konnte ich im Training nur mehr den zweiten verwenden. Das war auch mit dem Riesentorlauf-Ski so: Den fuhr ich ab Adelboden nicht mehr, weil ich ihn für Olympia schonen wollte. Der hatte schon ganz schmale Kanten, das ist leichter zu fahren. Der Ski ist dann viel feiner und reagiert nicht mehr so ruppig. Die breiten Kanten der neuen Ski sind unruhig und verursachen

Schläge. Das merkt man besonders, wenn man ganz auf der Taillierung sitzt. Da hat man bei einem neuen Ski permanent das Gefühl, gebremst zu werden. Vielleicht war das der Grund, warum ich mit dem alten Material zu Saisonbeginn immer schneller war. Ab Breckenridge interessierte ich mich dann für den Unterschied nicht mehr, ich fuhr nur noch das neue Modell.

An Park City hatte ich durchwegs gute Erinnerungen. Es war ja damals noch so, daß ich kaum einen Weltcup-Ort oder die dortige Strecke kannte. Für mich war das meiste Neuland, ich mußte mir alles erst einmal einprägen. Am ärgsten war es in Wengen: Dort ist die Lauberhorn-Abfahrt so lang, daß ich beim ersten Besichtigen wie ein Tourist mit dem Plan auf der Strecke stand und schaute, wo ich mich eigentlich befand und wo die Abfahrt überhaupt weiterging. In Park City war das ganz anders. Hier war ich schon ein Jahr vorher gestartet und erstmals durchgekommen. Damals ergab das Rang sechs, und das war Motivation genug für mich, auch diesmal ganz vorne zu landen. Die einzige Sorge waren immer noch die neuen Ski. Aber da hatten wir einen Tag vorher in Park City noch ein Training dafür angesetzt, bei dem es sehr gut lief. Da hatte ich erstmals das Gefühl, daß ich den Ski beherrsche – und damit auch schnell sein konnte.

Der Riesentorlauf in Park City war von ungewöhnlich schlechter Sicht gekennzeichnet, es wurde immer finsterer. Während meiner Fahrt dachte ich: „Was machst du jetzt, hörst du auf oder fährst du weiter?" Zum Glück entschied ich mich für zweiteres. Ein Vorteil war auch, daß ich mir zuvor den Lauf ganz genau angesehen hatte. Die Bodenwellen und die Übergänge hatte ich mir ganz genau eingeprägt, das kam mir jetzt in dieser Situation entgegen. Es war nicht mein einziger Vorteil: Ich bin früher ja viel im freien Gelände gefahren, vielleicht ist das gewöhnungsbedürftig. Da verläßt man sich mehr auf sein Gefühl, auch wenn man nicht so viel sieht. Freilich ist es ein Unterschied, ob du mit einer Gruppe in Flachau bei Schlechtwetter Ski fährst oder im Renntempo einen Hang nimmst. Da bevorzuge ich auch bessere Sicht. Letztlich gibt es gerade an solchen Tagen für mich noch einen unbezahlbaren Vorteil: Ich stehe derartigen schlechten Wetter- und Sichtbedingungen nicht negativ gegenüber, weil ich noch nie eine Verletzung hatte. Wenn du schon einmal eine schwere Knieverletzung gehabt hast, bremst du bei schlechten Sichtbedingungen unbewußt.

Am Ende des Nebels stand mein erster Saisonsieg. Innerlich hatte ich das Gefühl, daß ich recht behalten habe: zweimal Rang drei zum Auftakt, im dritten Rennen der erste Sieg. Ich fühlte mich rundherum wohl. Jetzt änderten sich auch die Fragen der Reporter. Vor Tignes hatte ich nämlich gesagt, daß ich heuer den Weltcup gewinnen möchte. Das hatten einige als Scherz aufgefaßt, andere als Überheblichkeit. Bis dahin hatte ich ja genau ein Rennen gewonnen. Nun lag ich plötzlich in der Weltcup-Wertung voran, wenn auch nur bis zum nächsten Slalom.

Stichwort USA: Mit den ganzen Bedingungen in Übersee komme ich eigentlich gut zurecht, das gibt mir einige Hoffnung für die nächsten Großereignisse. Immerhin ist die nächste Ski-WM im Februar 1999 in Vail und Beaver Creek, die nächsten Olympischen Spiele finden 2002 in Salt Lake City statt und die Alpinbewerbe in Park City. Daß der Schnee auch in Colorado weiß ist, das ist das einzige, das er mit dem Schnee in den Alpen gemeinsam hat. In unserer Skifahrersprache würden wir so einen Schnee als ungemein aggressiv bezeichnen. Der Schnee ist nicht so grobkörnig, sondern ganz fein, fast mit Waschpulver vergleichbar. Daher ist er mit sehr viel Gefühl zu fahren. Wenn man zuviel Kraft einsetzt, bremst der Schnee sofort, man verschneidet daher auch leichter.

Nach dem Erfolgserlebnis von Park City kamen die ersten Saison-Abfahrten. In Whistler Mountain gab es wieder einmal kein Rennen, das war ich auch schon aus dem Vorjahr gewohnt. Immer wenn wir nach Whistler aufbrachen, kam erst der Regen mit dem Warmwettereinbruch und dann der große Schnee. So wurde die Entscheidung, wer jetzt die erste Abfahrt der Saison fahren sollte, verschoben. Nach der Komplettabsage von Whistler Mountain stand eine Woche später in Beaver Creek bei Vail eine Doppelabfahrt auf dem Programm.

Assinger, Günther Mader und ich standen für die letzten zwei Abfahrtsplätze zur Auswahl. Die Qualifikation im Pitztal hatte ich ja ausgelassen, daher hätte ich auch nicht fahren sollen. Auf der anderen Seite war ich bei jedem Super-G-Zeitlauf der Schnellste. Wieder gab es Diskussionen, aber die dauerten nicht lange: Toni Giger setzte es durch, daß ich fahren konnte. „Du kriegst zwei Chancen bei der Abfahrt, du bist bei beiden Rennen aufgestellt", sagte er zur mir. Aber seit der Geschichte in Laax vertraute ich dem nicht mehr zur Gänze. Darum wollte ich auch sofort im ersten Rennen auf Angriff fahren, wurde dann aber nur Neunter. Es war die erste Abfahrt, die ich beendet hatte, und die Trainer waren auch zufrieden. Mir war das zuwenig, ich hatte nicht das Gefühl, damit meinen Platz fix zu haben. Das beste Beispiel dafür war der Hans Knauss, der wurde nach der ersten Abfahrt gegen Günther Mader ausgetauscht.

Zudem herrschte eine ziemliche Nervosität. Im Training fuhren wir alle die Konkurrenz in Grund und Boden. Im letzten Training waren zehn Österreicher unter den ersten Zwölf, nun waren nach der ersten Abfahrt Kristian Ghedina, Jean-Luc Cretier und Lasse Kjus auf dem Siegespodest, und wir folgten fast geschlossen auf den Rängen vier bis zwölf. Es war, als hätte man uns den Sieg gestohlen.

Die Geburt einer neuen Abfahrts-Generation

Zwischen den beiden Abfahrten schlief ich schlecht, der Andi Schifferer war genauso enttäuscht wie ich. Mir war es unklar, wie wir diese Abfahrt aus der Hand geben konnten, denn der Hang hatte praktisch uns gehört. Am nächsten Tag wechselte ich den Ski. Es war praktisch das gleiche Modell, nur war der Ski schon älter, er hatte schon mehr Testläufe hinter sich. Je älter ein Ski, desto besser ist er, weil er dann eingefahren ist. An diesem Tag gelang uns fast alles. Der Andreas gewann, ich war mit 17 Hundertstelsekunden Rückstand Zweiter, und am Ende belegten die Österreicher die ersten fünf Ränge. Das war die Entscheidung, daß ich weiterfahren durfte.

Wieder war ein bißchen Glück im Spiel: Beim Rennen zeigte der Werner Margreiter, was für ein erfahrener Fuchs er ist. Bis ich nämlich zum Start kam, hatten sich die Bedingungen kurzfristig wieder verschlechtert. Just als ich im Starthaus war, kam der Funkspruch, wonach eine Rennunterbrechung kommen sollte, und wenn noch ein Läufer unterwegs wäre, müsse dieser gestoppt werden. Die Jury hatte den Funkspruch offensichtlich nicht ganz verstanden und fragte nach. Im selben Moment bin ich aus dem Starthaus hinaus auf die Piste, und der Werner hat sofort die Sprechtaste gedrückt und zwei Minuten festgehalten. Die Jury hörte es aus den Funkgeräten nur noch rauschen, und ich war im Ziel.

Nach dem Rennen fiel der Druck von uns allen ziemlich ab, und ich hatte ja noch den Super G am Sonntag vor mir. Es war der erste Super G der Saison. Ich hatte mir für diese Disziplin etwas Spezielles vorgenommen: alle Super G in diesem Winter zu gewinnen.

Die neue Abfahrtsstrecke in Beaver Creek, auf der im Februar 1999 auch der Weltmeistertitel vergeben wird, ist weit besser als die alte WM-Strecke von Vail. Die Abfahrt ist sehr selektiv und läßt keine Materialschlacht wie bei der WM 1989 in Vail zu. Damals gewann Hans-Jörg Tauscher, und der verschwand nach seinem Titel im Niemandsland des Skisports. Diese kommende WM-Abfahrt wird nur ein ganz Großer gewinnen, weil hier der Fahrer und nicht der Ski über den Ausgang entscheidet.

Nach der zweiten Abfahrt sagte FIS-Renndirektor Günther Hujara: „Das war die Geburt einer neuen Abfahrtsgeneration." Ich antwortete darauf: „Ich kann das nicht so beurteilen, denn Beaver Creek war ja die erste Abfahrt, bei der ich überhaupt das Ziel gesehen habe." Aber Scherz beiseite, das ist eine ganz andere Strecke als die meisten im Weltcup. Das Material hat sich so verändert, daß einige Strecken wie Chamonix oder Wengen wirklich zu überdenken sind, auch dahingehend, ob sie im Weltcup-Kalender überhaupt noch etwas verloren haben. Früher war es ein Kriterium, daß du lange in der Hocke bleibst, daß du geradeaus fährst. Da haben Gröden oder Wengen hineingepaßt. Heute entscheidet sich die Abfahrt nicht mehr in der Hocke, denn die Läufe sind so gesetzt, daß du permanent arbeiten mußt und daß du gar keine Zeit hast, dich nach hinten zu setzen. Daher sind für die Anforderungen andere Abfahrtsstrecken besser geeignet. Beim ersten Besichtigen in Beaver Creek wußte ich schon, daß ich da ganz vorne dabei sein würde. Wenn mir diese Abfahrt nicht liegt, dann wohl gar keine mehr, dachte ich. Vergleichbar mit dieser Abfahrt ist nur noch Bormio, und die mag ich ja auch.

Für die Fachwelt waren die Abfahrten und der Super G von Vail/Beaver Creek im Dezember 1997 mehr als nur spektakuläre Rennen zu Saisonbeginn. „Hier haben wir erstmals die Läufer an den Grenzen des Materials gesehen", sagt FIS-Renndirektor Günther Hujara, der das Schauspiel auf dem Berg verfolgt hat. „Die Fahrer wollten einfach nur bremsen und sind plötzlich zehn Meter neben dem Tor gestanden, weil das Material so aggressiv ist und Kanten und Taillierungen sofort greifen. Bei diesem Super G hat vielleicht eine Handvoll Fahrer ihr Material beherrscht, der Rest wurde über den Hang getrieben." Diese Entwicklung bestätigte auch der ehemalige österreichische Abfahrts-Cheftrainer Kurt Engstler: „Die Kurve war früher eine Bremse, ein Zwischenschwung. Heute kommt

> man mit noch mehr Schwung und noch mehr Druck aus der Kurve, weil man auf Schwung bleibt. Das haben wir auch in Vail gesehen."
> Das hat auch direkt Einfluß auf die Kurssetzung. Noch einmal Engstler: „Kurven bringen heute nichts mehr, du mußt den Kurs komplett aus der Fallinie heraus setzen." Genau das wurde zum Teil in diesem Super G gemacht. Und plötzlich veränderte sich das Klassement: Nicht mehr die Abfahrer lagen voran, sondern die Techniker. Hermann Maier gewann vor Stefan Eberharter, Hans Knauss und Josef Strobl, als Fünfter kam Steve Locher ins Ziel, als Siebenter Didier Cuche (beide CH), und als Neunter folgte der schwedische Riesentorlauf-Spezialist Fredrik Nyberg. Es war wieder einmal die Bestätigung für den Weg, den Margreiter und Giger vor vielen Jahren eingeschlagen hatten. „Kein Abfahrer kann ohne eine technische Disziplin in den Weltcup aufsteigen", hieß ihr Motto, und an diesem Tag sah jeder, warum. Es war der Triumph der Techniker.
> Diese Materialentwicklung hatte auch schon die Abfahrt erfaßt und verändert. Hujara: „Leute wie Maier, Schifferer oder Nyberg werden in Zukunft die Abfahrt prägen, ausgezeichnete Techniker. Wer heute den Grundschwung aus dem Riesentorlauf nicht beherrscht, der braucht gar nicht mehr auf die Abfahrt gehen." Und der Schweizer Abfahrtscoach Francois Sedan verabschiedete gleich die alte Abfahrts-Generation: „Die reinen Abfahrer sind eine aussterbende Spezies. Vor drei Jahren begann die Neuentwicklung der Abfahrt, das haben die Österreicher zuerst erkannt."

Mit dem zweiten Platz in der zweiten Abfahrt von Vail fiel mir ein großer Stein vom Herzen. Im Super-G-Training war ich immer voran, aber letztlich wußte ich nicht, wo ich in der Abfahrt leistungsmäßig wirklich stehen würde. Abfahrten hatte ich zuvor nur in Chile trainiert, da war aber meist schlechtes Wetter. In Südamerika gab es nur zwei, drei wirklich gute Tage, danach waren wir noch auf dem Gletscher, und kurz davor hatten wir in den USA ein Abfahrtstraining absolviert. Aber da ging es mir ganz schlecht. Das war eine recht flache Strecke, und alle meine Schwierigkeiten beim Gleiten kamen zum Vorschein. Richtig gut lief es nur im Abschlußtraining: Ich stellte Bestzeit auf und fühlte mich gleich an Chamonix erinnert. Damals war ich auch der bestklassierte Österreicher, bevor ich im Rennen abgeflogen bin. Wieder einmal wollte ich zuviel. Bei der zweiten Abfahrt nahmen wir dann den älteren Ski. Der hatte eine dünnere Kante, was ja ein Vorteil ist. Allerdings darf dann die Strecke nicht zu eisig sein, denn sonst kann man den Ski wegwerfen. Da wird nämlich die Kante so heiß, daß der Belag nebenbei weggefressen wird; es entstehen richtige Brandflecken. Das passierte mir später in Bormio, da drehte ich den Ski um, weil die Beläge verbrannt waren. Oben war ich noch schnell, aber unten hatte ich keinen Griff mehr. So etwas merkt man schon beim Fahren: Wenn man eng an die Stangen kommt und alles niederräumt, dann ist man nicht mehr so schnell. In diesem Bereich testen derzeit die Firmen immer mehr, man versucht neue Beläge zu entwickeln.

Das Wochenende von Vail/Beaver Creek war für mich noch nicht vorbei, denn es stand noch der Super G zum Abschluß ins Haus. Nach den Abfahrten wußte ich schon, was da auf uns zukommen würde. Daher besichtigte ich die Strecke ganz genau. Es waren einige extrem schnelle Kurven enthalten, ein Lauf, der so richtig zum Attackieren einlud und bei dem man sehr leicht viel zu schnell dran war.

Meine Taktik war diesmal auf wenig Risiko ausgelegt: oben brav fahren, nur an den Übergängen attackieren, an denen es geht, erst unten Gas geben. Es war ein richtiger K.o.-Lauf: Von den ersten 30 Läufern schieden 17 aus. Wo die meisten ausfielen, kam ich recht gut durch, weil ich nicht so viel riskierte. Im Ziel war ich dann mit meinem Lauf unzufrieden. Den Mittelteil hatte ich gut genommen, unten attackiert, aber ich hatte das Gefühl, daß ich zu wenig riskiert hatte und in einigen Passagen zu langsam gewesen war.

Dennoch reichte es zum Sieg und für ein neues Gefühl: Führender im Ski-Weltcup. 29 Punkte in der ersten Abfahrt, 80 in der zweiten und jetzt noch hundert Zähler für den Super G – am Ende des Wochenendes hatte ich in Vail einen Vorsprung von über hundert Punkten auf Kjetil-Andre Aamodt erreicht. Besser konnte die WM-Generalprobe nicht laufen.

Mit Vail waren die Übersee-Rennen im Dezember abgeschlossen, es ging zurück nach Europa. In der letzten Mannschaftsführersitzung in Übersee boxten die Trainer durch, daß das erste Abfahrtstraining in Val-d'Isère erst

Die Geburt einer neuen Abfahrts-Generation

am folgenden Mittwoch statt am Dienstag stattfinden sollte; so bekam ich einen zusätzlichen Tag frei zum Ausschlafen. Den wollte ich daheim in Flachau nutzen, wo ich fünf Wochen zuvor das letzte Mal gewesen war. In dem ganzen Trubel ist auch mein Geburtstag untergegangen. Der war am Tag der ersten Abfahrt von Vail, und da war mir am Abend nun wirklich nicht zum Feiern zumute. Irgendwo über dem Atlantik stießen wir kurz mit einem Glas Sekt an, dann schlief ich ein.

Val-d'Isère: der rote Strich

Die Weltcup-Rennen in Übersee sind im Vergleich zu den Rennen in Europa noch recht beschaulich. In Amerika gibt es nur zwei Dutzend Reporter aus Europa, die den Weltcup dorthin mitbegleiten, und in den USA selbst ist der Weltcup keine große Zugnummer. Du hast deine Ruhe, und die paar Interviews sind mehr Abwechslung als Belastung. Zudem ist die Saison noch jung, die WM oder die Olympischen Spiele weit weg, und über den Gesamt-Weltcup diskutiert auch noch keiner.

Als ich damals nach Europa zurückkam, da wußte ich, daß sich gleich alles ändern würde. Ich war Weltcup-Führender, die Europa-Fortsetzung in Val-d'Isère stand vor der Tür und das Telefon in Flachau nicht mehr still. Im ÖSV entschloß man sich dazu, mir ab diesem Zeitpunkt einen eigenen PR-Mann zur Verfügung zu stellen. Manfred Kimmel war schon länger bei uns, er koordiniert die Pressekontakte, TV-Termine, Sponsorauftritte und so weiter. Nun sollte er sich vermehrt um meine Termine kümmern. Das war mir nicht unangenehm, denn so konnte ich mich mehr auf meinen Sport konzentrieren.

Daß ich mir ab nun die Kräfte besser einteilen und fortan auch einmal nein zu einem Termin sagen mußte, das wurde mir auch langsam klar. Die fast fünf Wochen in Amerika waren nicht spurlos vorübergegangen, jeder wird irgendwann einmal müde. Rein körperlich fühlte ich mich noch ausgezeichnet. Nur: der Winter hatte ja erst begonnen. Zwei Monate Weltcup und dann die Olympischen Spiele von Nagano lagen vor uns.

Es kam die Frage auf, wie wir das am besten überstehen und wie wir die Form bis Nagano konservieren konnten. Die Presse feierte zwar die Erfolge, doch es kam immer der Querverweis auf die letzte Ski-Weltmeisterschaft in Sestriere: Da hatte das österreichische Team in den Monaten vorher auch fast alles gewonnen, und bei der Weltmeisterschaft gab es für die Herren keine Goldmedaille. Im Team selbst machten wir uns darüber eigentlich keine Gedanken. Für die meisten ging es überhaupt erst um die Olympia-Qualifikation, da hatte die Frage, wie die Form im Februar aussehen mochte, wenig Platz.

Der eine Tag Pause vor Val-d'Isère hatte mir sehr geholfen. Ich wollte unbedingt noch eine Trainingseinheit in Obertauern einschieben, aber ich schlief fast auf dem Fahrrad ein. Trotzdem war es gut, wieder einmal die vertrauten Gesichter zu sehen.

Die Woche von Val-d'Isère begann schon schlecht. Bei der Anfahrt hatten wir strömenden Regen, der erst am Abend langsam in Schneeregen überging. Das Hotel mit dem himmlischen Namen „Grand Paradies" ist ein Stück Österreich in den französischen Alpen. Der Besitzer ist ein Steirer und ein ziemlicher Fan unserer Mannschaft, daher haben wir hier alle Rechte. Das macht es etwas leichter bei Absagen in Val-d'Isère, und Absagen gibt es hier offenbar zur Genüge. Wenn am Abend die Serviceleute, Trainer und Journalisten in der Bar beim offenen Kaminfeuer sitzen, dann handeln genug Episoden davon, wie man gerade noch rechtzeitig aus dem Ort geflüchtet ist, bevor Val-d'Isère im Schneesturm oder Unwetter versunken ist, und wer hier schon wie viele Absagen miterlebt hat.

In diesem Jahr sollte es nicht anders werden. Erst kam Schneefall, dann wurde es kurz kalt, womit die Strecke in einem guten Zustand gewesen wäre, bevor der Regen einsetzte. Die kompakte Schneeschicht hielt anfangs noch, aber es war nur eine Frage der Zeit. Nach einem Tag war sie durchgebrochen, die Trainings wurden folglich abgesagt. Das ist die schlechteste Situation, in die man im Weltcup geraten kann. Erst bereitet man sich auf das Abfahrtstraining vor, weil man nicht weiß, ob es nicht doch plötzlich besser wird. Dann wird bis Mittag verschoben, bevor die Absage kommt. So bleibt noch der Nachmittag zum Training oder zum freien Fahren, doch meistens sind die Strecken wegen Schneefall oder Regen oder Schneemangel nicht in einem guten Zustand, zumal sich die Pistenarbeiter auch nicht um die Einfahrstrecken, sondern nur um die Rennpiste kümmern. So waren die heimlichen Sieger wieder einmal Fahrer wie Alberto Tomba oder

Val-d'Isère: der rote Strich

Michael von Grünigen, die auf die Abfahrt verzichteten und an einem anderen Ort für den Riesentorlauf trainierten. Der folgte als Abschluß der Rennwoche von Val-d'Isère und war für Sonntag geplant. Wir konnten dagegen die ganze Woche keinen Riesentorlauf trainieren.

Am Samstag wollten sie noch unbedingt die Abfahrt durchboxen, doch es ging wieder nichts. Ich funkte meinen Servicemann an und ersuchte ihn, einen Riesentorlauf-Ski vorzubereiten und an den Start zu bringen. So machte ich vor der Abfahrt die Hangbefahrung mit dem Riesentorlauf-Ski, und nach der Absage fuhr ich den Hang mit diesem Ski hinunter. Die anderen standen immer noch mit den langen Abfahrtsskiern am Start. So bekam ich wenigstens wieder ein bißchen Gefühl für den Riesentorlauf. Den letzten war ich zuvor in Park City gefahren, das lag auch schon wieder einen Monat zurück.

Am Abend vor dem Riesentorlauf passierte bei der Auslosung eine komische Sache. Erstmals war ich bei der Auslosung in der ersten Gruppe, die sich die Nummern von eins bis sieben wählen können. „Wahrscheinlich kriege ich da die Nummer eins", dachte ich mir, das war im Europacup auch schon so gewesen. Tatsächlich blieb die Eins für mich übrig. Die anderen im Team schmunzelten. „Eine gefährliche Nummer, wahrscheinlich komme ich nicht rechtzeitig zum Start", witzelte ich noch. Dann war es beinahe wirklich so: Vor der Besichtigung fuhr ich noch zweimal seitlich ab, und mit der Besichtigung selbst war ich auch spät dran. Jedenfalls hatte ich am Start nicht mehr viel Zeit. Ich bin in das Starthaus und fuhr gleich los.

Es war einer meiner besten Riesentorläufe überhaupt. Ich wollte voll riskieren, und es gelang mir alles. Im Ziel stehend, verfolgte ich den Lauf von Michael von Grünigen auf der Großbildleinwand. Dort sah ich, daß er alles riskieren mußte und ebenso einen Superlauf hatte. „Jetzt mußt du im zweiten noch mehr riskieren", dachte ich mir, und im Weggehen aus dem Zielraum fiel mir eine Szene ein, die sich beim Besichtigen abgespielt hatte. Ich stand gerade unterhalb eines Tores, da kam der ÖSV-Cheftrainer Fritz Vallant zu mir und sagte: „Auf dem Berg steht Maier drauf." – „Ok," antwortete ich, „dann werde ich auch gewinnen."

Im zweiten Lauf ist mir oben alles genau so gelungen, wie ich es mir vorgestellt hatte. Jeder Schwung war am Limit, da hat man Mühe, daß man in das nächste Tor kommt. Trotzdem war ich sauber unterwegs. Im Riesentorlauf und im Super G lege ich mir die Renntaktik meist zurecht. Da weiß ich schon vorher, wo ich angreifen werde und wo nicht. In der Abfahrt ist das etwas anders. Da ist die erste Kurve wichtig. Wenn du das gut machst, bist du schnell, findest früh den Rhythmus und kommst gut in das Rennen.

Bei diesem Riesentorlauf wußte ich genau, daß ich schnell war. Etwa auf Höhe der Zwischenzeit war mir klar, daß ich nun einen Vorsprung haben müßte und nicht mehr jedes Tor voll auf Angriff fahren mußte. Der Zielauslauf von Val-d'Isère war sogar für die Abfahrt viel zu groß, da verlierst du dich fast. Die Anzeigentafel war dagegen genau hinter dir, wenn du durch das Ziel kommst. Die hatte ich im Kopf, als ich über die Ziellinie fuhr. Eigentlich müßte die Laufzeit zum Sieg reichen, aber bei Michael von Grünigen kannst du dir nie hundertprozentig sicher sein. Kaum hatte ich im Ziel abgeschwungen, blickte ich auf die Tafel zurück. Dort leuchtete die Eins auf.

Ich hatte Michael von Grünigen, den Maßstab im Riesentorlauf, der noch dazu seit Park City Zeit zum Trainieren hatte, geschlagen – und das fast ohne Training.

Auf der rechten Seite standen Schweizer Fans, denen hatte ich noch zugewinkt. Einen Ski schnallte ich ab, um ihn in die Kamera halten, so wollte ich mich bei den Serviceleuten und bei Atomic für das großartige Material bedanken. Aus dem Augenwinkel sah ich eine zweite rote Linie, das irritierte mich kurz, aber ich hatte gleich die Erklärung dafür: Die muß noch vom Abfahrtslauf sein. Ich war, glaube ich, gerade bei meinem vierten oder fünften Siegerinterview, da zupfte mich zwischendurch Manfred Kimmel am Anorak und erzählte etwas von der roten Linie und einem Protest der Schweizer. Jetzt wurde mir klar, was der Werner Öttl wollte, als er so aufgeregt durch den Zielraum lief. Erst hatte ich ihn gar nicht beachtet, aber dann dachte ich mir: „Komisch, was macht der da?"

Den Protest nahm ich trotzdem nicht so ernst, darum gab ich weiterhin Siegerinterviews, sogar dem Schweizer Rundfunk. Rote Linie – deswegen kann man doch keinen Läufer disqualifizieren, dachte ich, wo bleibt da der Sport? Man kann aber. Das wurde mir kurz darauf vor Augen geführt. In diesem Moment ging es nicht um Sport, sondern um andere Interessen. Es

Val-d'Isère: der rote Strich

ging um den Weltcup, um den Zweikampf Österreich gegen Schweiz und die Weltcup-Kugel. Letztlich hätte auch der Werner Margreiter so reagiert, wenn es einen österreichischen Läufer betroffen hätte oder um einen Sieg für uns gegangen wäre. Die Leistung war und ist in diesem Augenblick völlig uninteressant. Der Günther Hujara sagte hinterher, wie leid es ihm täte, mich nach einem solchen Lauf zu disqualifizieren. Aber er könne halt gemäß dem Reglement nicht anders handeln. „Komische Welt", dachte ich anfangs, „das kann doch alles nicht wahr sein."

Dann kam der Moment, der mich am meisten störte: Michael von Grünigen stieg auf das Siegespodest. Gescheiter wäre es gewesen, wenn er auf die zweite Stufe gestiegen wäre und den Platz für den Sieger frei gelassen hätte. Es wäre eine sportliche Geste eines großen Sportlers gewesen. Er hätte dennoch seine hundert Punkte für den Sieg bekommen und das ganze Preisgeld kassiert. Nur: Er hätte in diesem Moment gezeigt, daß er sportlich unterlegen war und das akzeptiert. Ich stand noch im Zielraum und wartete auf diese Szene. Ich war überzeugt, daß er so reagieren würde.

Aber dafür war er zu schwach.

Nur hat er sich damit selbst dem größten Druck ausgesetzt. Das haben auch viele Ski-Fans in Italien und der Schweiz gesehen, Leute, die eigentlich zu Michael von Grünigen gehalten hätten, aber im Endeffekt das alles auch nicht verstanden haben.

Daß mir mein Fehler schlußendlich noch Sympathien bringen würde, das konnte ich genausowenig verstehen, und das wollte ich an diesem Tag auch nicht verstehen. Der ganze Tag war versaut, und genauso miserabel ging er auch zu Ende. Erst überlegte die Mannschaftsführung einen Gegenprotest, da ging es um die Länge des Zielraumes und um Soll- beziehungsweise Kann-Bestimmungen. Es war nicht mehr als ein Strohhalm, an den wir uns alle klammerten, aber mir war bald klar, daß es nichts nutzen würde. Das Ganze zog sich bis in den Nachmittag, dann war es klar: Ich bin nach einem Protest der Schweizer Mannschaftsführung vorläufig disqualifiziert, einen Gegenprotest würde der FIS-Vorstand im Januar behandeln. Irgendwie hatte ich die Entscheidung dieses Gremiums schon im Gefühl. Man würde warten, bis Gras über die Sache gewachsen ist, und dann die Disqualifikation bestätigen.

Erste Erfolge

Das ganze Theater hatte sich so lange hingezogen, bis wir schließlich viel zu spät aus Val-d'Isère wegkamen. Das Flugzeug in Genf verpaßte ich folglich auch, das macht an einem solchen Tag doppelt Spaß. Mit Müh und Not gelang es mir noch, in der letzten Maschine nach München einen Platz zu bekommen, doch mein Auto stand am Salzburger Flughafen. Zum Glück erreichte ich noch meinen Bruder, der mich aus München abholte. Beim Warten in einem Café auf dem Genfer Flughafen sah ich im Fernsehen die Szene noch einmal. „Wie kann man nur so blöd sein", war mein Gedanke. An diesem Tag war alles schiefgelaufen, da hatte alles zusammengepaßt.

In so einer Nacht wird der Weg von Val-d'Isère nach Genf und weiter nach München und schließlich nach Flachau weit, verdammt weit. Da hat man ziemlich viel Zeit zum Nachdenken über Gott und die Welt, über die Gerechtigkeit im Sport, das Reglement und die eigenen Fehler. Zunächst ärgerte ich mich über mein Verhalten. Es war mein Fehler, Punkt und aus. Dann hadert man mit dem Schicksal: Die FIS hätte eine Disqualifikation vermeiden können, wenn sie bestätigt hätte, daß der Auslauf von der Abfahrt gewesen wäre – das glaube ich übrigens immer noch. Aber wahrscheinlich wollte die FIS auch einmal zeigen, wer im Weltcup die wahre Macht hat. Die Sportler sind es sicher nicht.

Beim nächsten Rennen in Gröden erzählte mir Toni Schutti, daß diese Szene sogar mehrmals auf CNN zu sehen war. „Welches Weltcup-Rennen ist schon in den CNN-Nachrichten?" fragte er mich. Da konnte ich schon fast wieder lachen. Hundert Punkte wären mir trotzdem lieber gewesen. Denn bis zum nächsten Riesentorlauf saß ich zu Hause und mußte mich vor allem beruhigen. Die Vorstellung, daß Michael von Grünigen mit dem roten Trikot des Weltcup-Führenden, das eigentlich mir zustand, am kommenden Sonntag in das Starthaus von Alta Badia gehen würde, machte mir am meisten zu schaffen. In mir setzte sich die Überzeugung fest, daß ich um dieses rote Trikot geprellt worden war, und ich schwor mir, es mir wieder zurückzuholen. Am Ende der Saison sollten das Trikot und der Riesentorlauf-Weltcup mir gehören.

Das ist natürlich eine zweischneidige Sache und ein gefährliches Spiel. Du sitzt zu Hause und bist stinksauer auf alles rund um dich und deine Dis-

Val-d'Isère: der rote Strich

qualifikation. Dennoch mußt du dich beruhigen. Du mußt es schaffen, daß du nicht im nächsten Rennen mit dem Messer zwischen den Zähnen fährst. Ich versuchte, einfach ruhig zu bleiben.

Ich hatte nur einen Tag, um mich zu regenerieren. Am Montag war ich in Obertauern, das half mir und ich konnte abschalten. Bei der Fahrt nach Obertauern hörte ich im Radio ständig diese Geschichte. Ich drehte ab, weil ich es nicht mehr hören konnte. Am Dienstag darauf ging es zum Glück schon nach Gröden. Die Woche war ziemlich eigenartig. Erst die Absagen von Val-d'Isère, dann das Theater um die rote Linie, und kaum waren wir im Grödnertal, begannen die Verschiebungen wieder von vorne.

Hier bekam ich erstmals die Schienbeinprobleme. Der erste Sprung ganz oben paßte überhaupt nicht in mein Konzept. Im ersten Training hatte es mich hier gleich ordentlich zusammengestaucht. Wahrscheinlich hat auch das zu meinem Urteil beigetragen, aber von dieser Abfahrt bin ich nicht begeistert. Gut, die Kamelbuckel machen die Strecke interessant. Aber Gröden klang in meinen Ohren immer nach Klassiker. Ursprünglich dachte ich auch, daß die Ciaslat-Wiese viel selektiver sei. Das ist eben noch eine Strecke für die klassischen Abfahrer und die Routiniers, die in jeder Kurve einen eigenen Weg haben, damit sie vielleicht einen Tick schneller sind.

Ich habe mich hier dagegen nie wohl gefühlt. Bei der „Mauer" siehst du gleich unterhalb das Netz, das ist kein so gutes Gefühl, wenn die Sicht und die Bedingungen so schlecht sind wie in dieser Woche. Dann kommen die Kamelbuckel. Die sind auch nicht für mich gemacht, ich habe wenig Erfahrung mit Sprüngen bei einem so hohen Tempo. Auf der ganzen Strecke hatte ich nie das Gefühl, daß ich hier schnell sein würde. Und wenn ich im Training einmal schnell wurde, dann war ich unsicher.

Das Rennen war eine Farce, es paßte exakt zur Woche. Der Start war für 13 Uhr geplant. Es war ziemlich warm, die Wolken zogen auf, und der Nebel hing über der Strecke. Es begann mit Verschiebungen, und es folgten Verschiebungen. Die kamen erst im Halbstunden-Takt, dann wurde um jeweils eine Viertelstunde hinausgeschoben.

Kurz vor drei Uhr nachmittag ging es dann los. Wir scherzten noch, daß es bald finster würde. Aber die Situation war eher nicht zum Lachen: Du stehst um sechs Uhr auf, bereitest dich auf das Rennen vor und mußt abwarten, entspannen und dich wieder konzentrieren. Das nimmt dir unglaublich viel Kraft. So etwas kann man auch vorher nicht trainieren. Beim Training in Übersee haben wir zwar auch oft das Programm geändert und wieder neu angesetzt, aber das Rennen ist trotzdem noch eine andere Angelegenheit. Immerhin trainieren 50 bis 70 Abfahrer den ganzen Sommer für eine Handvoll Klassiker – und dann entscheiden Nebel oder andere äußere Bedingungen über Sieg und Punkte. Die meisten sitzen in so einer Situation zusammen, aber ich bin da immer abseits. Ich bin keiner, der dabei sitzt und Schmäh führt. Da hast du genug mir dir selbst zu tun und mit dem, was du von deiner Umwelt mitbekommst. Du hörst, daß einer Bestzeit hat und einer zwei Sekunden zurück ist. Du sitzt am Start und weißt nicht genau, warum das so ist. Dann kommt wieder Hektik auf, und plötzlich fliegen die Funksprüche nur so durch die Luft.

Ich will in so einer Situation meine Ruhe. Es gibt Fahrer, die wollen noch vorher genau über die Strecke informiert werden. Bei mir ist das anders. Ich versuche mir die Strecke beim Besichtigen einzuprägen und im Training meine Linie zu fahren. Davon lasse ich mich auch vor dem Start nicht mehr abbringen. Darum will ich am liebsten nichts hören, außer es ändern sich irgendwelche Umstände ganz massiv. Ich kann mich in solchen Situationen trotzdem gut konzentrieren. Bei wichtigen Dingen gelingt es mir gut, mich auf den entscheidenden Punkt zu beschränken. Die unwichtigen Dinge kann ich in so einem Moment gut ausblenden.

Letztlich ging die Abfahrt am Freitag wie erwartet schief. Nach einer langen Wartezeit wurde abgebrochen, und für Samstag waren zwei Läufe angesetzt, die aber auch abgesagt wurden. Am Samstag diskutierte man wenigstens nicht so lange herum, sondern strich sofort, das gab uns ein bißchen Spielraum für den Riesentorlauf in Alta Badia. Dort gab es ein Wiedersehen mit dem Riesentorlauf-Team, und damit kam zwangsläufig die ganze Erinnerung an Val-d'Isère und die Disqualifikation hoch. Im Team sagten natürlich alle, daß die Disqualifikation eine Schweinerei gewesen sei. Aber das bringt dir die hundert Punkte auch nicht zurück.

Ich hatte mein Fahrrad nicht dabei und wollte daher laufen gehen, um mich abzulenken, aber es regnete in Strömen. Die Piste in Alta Badia war in einem schlechten Zustand, fast noch schlechter als die in Gröden. Aber alle wußten: Das ist ein Rennen, das durchgepreßt wird, weil sonst der ganze Weltcup-Kalender ins Stocken gerät.

Die Schienbeinprobleme wurden immer ärger, das machte mir am meisten zu schaffen. Zudem wußte ich, daß von Grünigen seit Val-d'Isère Zeit zum Entspannen hatte. Ich saß im Grödnertal und konnte kaum trainieren. Zudem kam ich bei meinen wenigen Trainingsläufen immer in Rücklage – ein Zeichen der Unsicherheit.

Es kam also der Tag der Revanche, und die Vorzeichen standen schlecht. Es begann wie die Abfahrt in Gröden: erst eine Verschiebung, weil sie noch die Strecke mit Bindemitteln härter machen wollten. Alles sah nach der nächsten Absage aus, aber die Strecke hielt dann wirklich überraschend gut.

Nach dem ersten Lauf lag fast das ganze österreichische Team an der Spitze, nur Michael von Grünigen schob sich hinein. Heute stiehlt er uns sicher nicht die Show, das wußten wir. Zwischen den Läufen waren wir in einem Restaurant in der Bergstation. Es war unerträglich heiß, ich zog mich fast ganz aus und lief in der Ski-Unterwäsche herum. Auf dem Weg zum zweiten Durchgang begegnete ich dem Paul Accola. Der hatte doch glatt seine Nummer vergessen oder verloren, jedenfalls fand er sie nicht mehr. Ich schmunzelte für einen Moment und dachte mir noch: „Siehst du, solche Fehler passieren anderen auch." Bei der Gelegenheit wollte ich nachsehen, wo denn meine Nummer war. Ich griff in den Rucksack – da war alles, nur keine Startnummer.

Es war schon recht knapp vor dem Start des zweiten Laufs, und die Aufregung war dementsprechend groß. Ein Trainer fragte bei der Jury an, ob ich denn auch ohne Nummer fahren könnte. Die Antwort war klar: ohne Nummer kein Start. Der Paul Accola hatte sich irgendwie eine Ersatznummer besorgt, nur ich stand ohne Nummer da. Ein Läufer nach dem anderen ging an den Start. Ich war als Drittletzter an der Reihe, aber ohne Nummer hatte alles keinen Sinn. Ich resignierte zum ersten Mal für einen Moment total: Jetzt ist alles vorbei, jetzt kann ich aus dem Weltcup aussteigen. Alles, was ich in den letzten Monaten geschafft hatte, schien vergeblich.

Da hatte unser Carrera-Servicemann Heinz Strassegger noch eine Idee: Irgendwer sollte schnell ein weißes T-Shirt ausziehen, umdrehen und beschriften. Thomas Bürgler hatte ein weißes T-Shirt mit dem Aufdruck „Hard Rock Café Aspen" unter seiner Montur an. Wir zogen es ihm aus, schnitten die Ärmel ab, und der Heinz malte mit einem Filzstift die Nummer vier drauf. Plötzlich konnten wir im Starthaus alle über diese Szene lachen, es war wirklich kurios.

Das T-Shirt war viel zu groß und flatterte links und rechts. Rechtzeitig hatte noch ein Trainer gerufen, daß wir es nicht festmachen dürfen, weil wir sonst wieder gegen eine Regel verstoßen würden. Es war alles recht chaotisch: Leibchen übergezogen, in die Startbox hinein – und raus in das Rennen. Natürlich kostete das flatternde Leibchen einige Zehntelsekunden.

Aber es war noch die beste Art, wie diese zwei chaotischen Wochen von Val-d'Isère bis Alta Badia zu Ende gehen konnten. Protest, Gegenprotest, Disqualifikation – mir war klar, daß ich jetzt in dem ganzen Zirkus ein Spieler war, auf dessen Fehler sie nur warteten. Menschlich enttäuschte mich das zwar, aber irgendwie machte es mich auch ein bißchen stolz. Ich war also einer, den sie nicht mehr aus den Augen lassen würden.

Es waren noch drei Tage bis Weihnachten. Ich war im Kopf einfach leer. Natürlich war ich auch körperlich müde, aber das spürte ich zu dem Zeitpunkt gar nicht so. Da kann man sich noch hinüberretten, aber das Chaos mit Sieg, Disqualifikation, Weltcup-Führung, Absagen in Gröden und schließlich die Startnummern-Aktion von Alta Badia, das war einfach zuviel für mich. Die Slalomfahrer fuhren noch nach Madonna, ich bin heim nach Flachau. „Ich komme jetzt, um die Bilder von mir daheim abzustauben", sagte ich der Petra am Telefon. Ich mußte einfach aus dem Zirkus weg, zudem hatte ich schon ernsthafte Probleme mit meinen Schienbeinen.

Zu Weihnachten waren wir bei meinen Eltern, und wir verloren kein Wort über den Weltcup. Das ist auch eine Art von Erholung, wenn du einmal diese Welt verlassen kannst.

Dafür kam ein neuer Aspekt hinzu, den ich nicht vorhersehen konnte: Plötzlich kamen Tausende Autogrammwünsche. Als ich um meine Autogrammadresse gefragt wurde, nannte ich die Anschrift der Eltern in Flachau. Die paar Autogrammwünsche und Unterschriften würde ich schon bewältigen, dachte ich, dafür werde ich wohl keinen Manager brauchen.

Val-d'Isère: der rote Strich

Doch seit Val-d'Isère war alles anders. Im Haus meiner Eltern in Flachau stapelten sich kartonweise die Autogrammwünsche. Der Vorraum und das Wohnzimmer sahen schon wie eine Blumenhandlung aus, es wurde von Tag zu Tag mehr. Meine Mutter und die Petra halfen mir, denn ansonsten hätte ich gar nicht mehr zum Training fahren können.

Nicht nur die Anzahl der Autogrammwünsche war verblüffend, sondern auch die Absender. Es kamen viele sogar aus Italien und der Schweiz. Da realisierte ich zum ersten Mal, daß mir die Disqualifikation vielleicht doch mehr geholfen als geschadet hatte. Geholfen? Gut, die hundert Punkte waren weg, das rote Trikot des Führenden im Riesentorlauf-Weltcup ebenso, und das Preisgeld hätte ich auch gut gebrauchen können. Aber mit der Aktion hatte ich sehr viele Sympathien gewonnen. In Norditalien kannte mich nun jeder Skifan, so viele Rennen hätte ich vorher nicht gewinnen können.

Fahren wie die Kannibalen

Die Weihnachtspause war leider extrem kurz, denn die Doppel-Abfahrt von Bormio stand bevor. Ursprünglich war hier auch nur eine Abfahrt geplant, weshalb wir überlegten, daß man die eventuell auslassen könnte. Denn für die eine Abfahrt verlierst du eine ganze Woche, und das in der vielleicht letzten Regenerationsphase vor den Entscheidungen. Im Januar standen die Klassiker von Adelboden, Kitzbühel und Garmisch auf dem Programm, im Februar die Olympischen Spiele oder die Ski-WM. Da mußt du mit deinen Kräften früh genug haushalten, sonst geht dir die Luft aus. Und ich spürte, daß ich überlastet war.

Wir probierten die verschiedensten Methoden aus: Gi Qong für das allgemeine Wohlbefinden, Ultraschallbehandlungen für die Schienbeine. Dazu diskutierten wir immer wieder, ob wir überhaupt nach Bormio fahren sollten. Doch von Thomas Bürgler, meinem Servicemann, bis zu Toni Giger behaupteten alle: „Bormio wird dir liegen." Der Toni vertritt überhaupt eine andere Theorie: „Es gibt keinen Beweis dafür, daß man nach guter Frühform zwangsläufig einbrechen muß", lautet sein Motto. Nach einiger Überlegung fuhr ich dann nach Bormio, und es war die beste Lösung. Es war wieder eine neue Strecke für mich, denn im Vorjahr war ich noch nicht im Abfahrtsteam dabeigewesen.

Von der Strecke hatte ich schon sehr viel gehört, aber als ich sie das erste Mal selbst sah, bekam ich beinahe Angst. Die Piste war ziemlich eisig, es gab zu dem Zeitpunkt nämlich nicht allzuviel Schnee. Da kommt dann ein Kunstschneeband drauf, das mit jeder Trainingsfahrt schneller und glatter wird. Die Strecke ist ohnehin schon wahnsinnig schnell, und durch die äußeren Bedingungen war sie diesmal extrem unruhig.

Erste Erfolge

Vor dem ersten Training warnten mich die Trainer eindringlich vor dem letzten Sprung. Der sieht beim Besichtigen nicht so spektakulär aus, aber im Rennen kommt man mit zirka 120 km/h hin, das verändert natürlich die Perspektive. Man springt sehr weit. Das war ich nicht so gewohnt, das ist eher eine Sache für die routinierten Abfahrer. Wenn du beim Sprung nicht sicher bist, kommst du meist in Rücklage – und dann geht der Schlag beim Aufsetzen wieder voll gegen das Schienbein.

Im ersten Training fuhr ich recht locker, ich wollte mir nur die Strecke ansehen. „Hauptsache, ich komme über den Sprung im untersten Teil", dachte ich mir. Im unteren Teil fuhr ich daher nicht voll, statt dessen ging ich lieber schon frühzeitig aus der Hocke. Ich lag so um Rang 40. Es war okay für mich. Oben war ich recht schnell, unten recht vorsichtig. Die anderen haben sich schon ziemlich verausgabt im Training, einmal war der Trinkl vorne, einmal der Werner Franz.

Die erste Abfahrt von Bormio sollte dann eines der unglaublichsten Rennen meiner Karriere werden. Ich hatte die Startnummer 13 gezogen und hatte somit vor dem Start noch etwas Zeit. Daher schaute ich mir den Start und die ersten Läufer im Fernsehen an. Im Startbereich hatten die Organisatoren einen TV-Apparat installiert. Ich weiß nicht, ob sie uns mit der Übertragung abschrecken wollten oder nur informieren. Was ich da sah, war auch nicht alltäglich. Es hatte praktisch jeder Probleme. Der Pepi Strobl stürzte in einer der ersten Kurven. „Grüß Gott", war mein erster Gedanke, „ich bin neugierig, wie ich da ins Ziel komme." Es waren im Training oben schon so komische Schläge drinnen, die offenbar noch mehr geworden waren: Jeder kam wie auf rohen Eiern daher. Über die Schläge war ich schon im Training nie so gut gekommen, das sah nach verdammt viel Arbeit aus.

Auf dem Weg zum Starthaus kommt man an einer Ehrentafel vorbei, auf der die Gewinner dieser Abfahrt verewigt sind. „Da möchte ich auch einmal draufstehen", dachte ich mir, „aber das wird noch dauern." Als ich die Namen durchlas, sah ich plötzlich auf der Tafel die Zeile: „Andreas Schifferer, AUT." Er hatte im Dezember 1995 auf dieser Abfahrt Rang zwei belegt, an das hatte ich gar nicht mehr gedacht. Das machte mir Mut: Wenn mein Zimmerkollege da auf der Tafel steht, dann werde ich wohl auch den Berg hinunter kommen.

Beim Rennen hatte ich dann nicht mehr viel Zeit, um an eine Taktik oder sonst etwas zu denken. Über die ersten Schläge und kleinen Sprünge kam ich noch recht problemlos drüber. Dann folgt eine Passage, da hat man gut und gerne 140 Stundenkilometer drauf, man rattert nur so über die Piste. Genau da verschlug es mir den rechten Ski. Der stand im rechten Winkel über den linken drüber, und ich dachte noch: „Heute geht es aber wirklich rund."

Bei 140 auf einem Ski, das war mir nicht mehr geheuer. „Jetzt fliegst du gleich ab, aber dann geht es nicht mehr so glimpflich aus wie in Chamonix", war mein einziger Gedanke, aber zum Glück geht in Bormio alles so schnell, daß du dich nicht wirklich auf solche Vorstellungen einlassen kannst. Nach dieser Stelle geht es sofort in einer Rechtskurve in den Super-G-Teil hinein, da hast du 120 Stundenkilometer drauf. Das ist eine 110-Grad-Kurve, die habe ich im Training immer schon sehr gut erwischt. In der Querfahrt bekommst du fast nichts mehr mit, da drückt es dir die Augen zu, du sitzt nur noch hinten drinnen und hoffst, daß du die nächste Kurve halbwegs schaffst und vor allem auf der Strecke bleibst.

Die Teile erwischte ich super, unten hinaus mußte ich nur noch auf den Skiern bleiben und mich auf den letzten Sprung konzentrieren. Mit dem Tempo, mit dem ich unterwegs war, kam ich noch nie auf diesen ominösen Sprung, vor dem mich alle gewarnt hatten. Da kommt man auf dem Zahnfleisch daher, die Oberschenkel brennen, und wenn man abhebt, dann schickt man kurz ein Stoßgebet aus, daß man nachher wieder auf den Skiern und nicht auf dem Rücken landet. Mein Stoßgebet wurde erhört, und die letzten Meter in Bormio blieb ich wie die meisten in der Hocke, weil man keine Kraft mehr zum Aufstehen hat.

Im Ziel war ich froh, daß ich das alles heil überstanden hatte. Mit dem roten Strich gab es auch kein Risiko, weil du noch im Zielauslauf so ein Tempo hast, daß du froh bist, wenn du überhaupt einmal stehenbleibst. Als ich mich umdrehte, stand auf der Anzeigentafel plötzlich „1" hinter meinem Namen. Für gewöhnlich wartet man ab, weil noch irgendwelche Favoriten kommen und in jedem Rennen ein Außenseiter seinen Tag hat – aber in diesem Moment in Bormio wußte ich, daß ich das Rennen gewonnen hatte. Recht viel schneller konnte man da nicht mehr fahren.

Am Ende waren es zwar nur drei Hundertstelsekunden auf den Andi Schifferer, aber es war mein erster Abfahrtssieg im Weltcup. Es war überhaupt erst meine vierte Weltcup-Abfahrt nach Chamonix und den beiden Läufen in Vail. Sturz, Neunter, Zweiter, Sieger – das war ja auch keine so schlechte Bilanz.

Nach dieser Abfahrt sagte der Kristian Ghedina in einem Eurosport-Interview, daß die Österreicher nur volles Risiko kennen. „Sie fahren wie die Kannibalen", meinte er. Erst lachten wir noch über die Aussage, aber bald kamen in den italienischen Zeitungen versteckte Andeutungen durch, daß die Österreicher gedopt seien. Es begann die Phase, in der alle an uns etwas zu verdächtigen hatten. Die Schweizer sprachen recht unverblümt von einem Materialvorteil, aus Italien kamen die Doping-Geschichten.

Das war ziemlich ärgerlich, aber es ist auch ein Zeichen der Schwäche der Konkurrenz. Wenn dein Gegner neben dir am Start steht und glaubt, daß du einen Materialvorteil hast, dann laß ihn in diesem Glauben. Es kostet ihn nur Kraft. Er konzentriert sich nicht mehr auf seinen Lauf, er konzentriert sich auf dich und deinen vermeintlichen Materialvorteil. Damit geht er aus der Position des Schwächeren in den Wettkampf. Aus diesem Blickwinkel haben wir uns über die Dopingvorwürfe und Materialdiskussionen nur lustig gemacht. Es war unser Vorteil, es war das Zeichen, daß die Gegner mit unserer Überlegenheit auch mental zu kämpfen hatten.

Der Spruch von den Kannibalen gefiel mir erst ganz gut. Nur: Angesichts der Doping-Vorwürfe weiß ich nicht, was ich davon halten soll.

Die Abfahrts-Revanche einen Tag später lief nicht mehr so gut. Bei der Siegesfahrt wäre mein Ski fast draufgegangen. Neben den Kanten waren die Beläge richtig ausgebrannt. Im Service konnten sie das noch mühsam richten, wir tauschten einfach den linken mit dem rechten Ski. Das war aber auch nur eine Notlösung. Dennoch wollte ich noch einmal mit diesen Abfahrtsskiern fahren. An diesem Tag war der Andi nicht zu biegen, unter den ersten Fünf landete nur Lasse Kjus als einziger Fahrer, der nicht aus Österreich kam. Ich war Vierter, und das war an diesem Tag für mich das Maximum. Die Ski waren ziemlich angeschlagen, mehr als ich dachte. Im unteren Teil driftete ich eher zu den Toren als zu fahren, da merkt man schon während des Rennens, daß man nicht mehr schnell ist.

Mit Bormio war das erste Drittel im Weltcup praktisch abgeschlossen, und wir hatten über Silvester zwei Tage Pause. Bis dahin hatte ich mich nicht mit dem Weltcup-Stand beschäftigt. Natürlich schaut man, ob man in Führung bleibt und wieviel der Zweite zurück ist. Aber ich hatte mehr die Spezial-Weltcups im Kopf, die Super-G-Wertung oder die im Riesentorlauf. Nach der zweiten Abfahrt schaute ich mir den Weltcup-Stand einmal genauer an: Drei Österreicher lagen voran, hinter mir kamen der Stefan Eberharter und der Andi Schifferer. Michael von Grünigen hatte schon 250 Punkte Rückstand. Das war eine gute Ausgangsposition für 1998.

Zu Silvester feierten wir zum ersten Mal bei der Petra in der Wohnung. Sechs, sieben Freunde kamen im Laufe des Abends, wir leerten einige Flaschen Rotwein und gingen dann noch aus, was ich für gewöhnlich sonst nicht mehr mache. Als ich heimkam, war es neun Uhr früh. Ich war zwar nicht ganz nüchtern, aber der Blick auf die Uhr machte mich ziemlich schnell frisch. Es mischte sich fast ein bißchen schlechtes Gewissen unter, und ich beschloß, daß der Neujahrstag keinesfalls trainingsfrei sein sollte. Am Nachmittag saß ich in Obertauern auf dem Fahrrad, aber der Puls ist ständig rauf und runter. Das war nicht mein bester Trainingstag.

Heimspiel

Nach Kranjska Gora drehten sich die Voraussetzungen noch einmal um. Normal haben wir Riesentorlauf-Fahrer kein Zeit zum Ausrasten, doch diesmal war es anders, diesmal hatten die Slalomfahrer noch ein Rennen. Kranjska Gora ist meistens das erste Rennen nach Jahreswechsel, und es hat eine ganz eigene Atmosphäre. Von der Stimmung her ist es großartig, denn Kranjska Gora liegt im Dreiländereck Italien, Slowenien und Österreich. Aus Italien kamen jedes Jahr immer genügend Tomba-Fans, für die Slowenen ist Kranjska Gora so etwas wie ein Fußball-Länderspiel, und auch aus Österreich waren viele Zuschauer da. Aber zu Kranjska gehören meist auch Schneemangel und ein ziemlich vereister Hang, der nicht allzu lang ist. In Kranjska fahren wir pro Durchgang knapp über eine Minute, sonst sind wir pro Durchgang zehn Sekunden länger unterwegs. Diesmal war wieder der Schneemangel ein Problem: Man konnte vor dem Lauf fast nicht einfahren, weil so viele Steinchen herumlagen.

Der Riesentorlauf war ein Heimspiel für den Christian Mayer, der aus Finkenstein kommt, hier fast Heimvorteil und dementsprechend viele Fans mit dabei hat. Nach dem ersten Lauf lag ich eine Zehntelsekunde hinter Mayer, doch dann fiel der Stefan Eberharter aus. Daher wollte ich nichts riskieren, denn so einfach wie jetzt konnte ich den Vorsprung nicht ausbauen. Am Ende lag ich hinter Mayer und vor von Grünigen auf Platz zwei und war zufrieden. Ich fühlte mich in toller Form, denn wenn man einen Lauf so dosieren kann, spricht das meist für eine gute Form. Am nächsten Tag stand in Kranjska ein Slalom bei ziemlich schlechten Bedingungen auf dem Programm, und ich war schon auf dem Weg nach Saalbach-Hinterglemm. Endlich hatte ich einmal einen kleinen Vorteil aus dem Rennprogramm.

Erste Erfolge

In Saalbach-Hinterglemm wollte ich unbedingt wieder gewinnen. Normalerweise ist es nicht meine Art, in einem Lauf zu taktieren. Das brachte mir in diesem Fall zwar 80 Punkte ein, die ich auf den Steff gutmachen konnte, doch ich fühlte mich als Rennfahrer, und der will nun einmal Rennen gewinnen und nicht Zweiter werden. Zuvor wollte ich noch etwas mit dem Schuh ändern, aber es ging sich nicht aus. Am Tag vor dem Lauf war keine Hangbefahrung, darum trainierten wir daneben frei. Mir kam das Gelände nicht so besonders steil oder schwierig vor, aber die anderen unterhielten sich darüber, wie schwierig die Bedingungen seien. Da merkte ich, daß ich wieder aggressiv genug war und daß ich den Kopf frei hatte.

Das Rennen brachte Probleme mit sich: Ein starker, böiger Wind fiel unregelmäßig von der Seite her ein, die Tore flogen hin und her. Ich ging mit Nummer zwei ins Starthaus, sah das und sagte: „Ich starte da nicht." Da meinte der Torrichter: „Du mußt starten." Na gut, dachte ich, probiere ich es eben. Nach den ersten Toren machte ich mich ganz klein, in der Hoffnung, daß mich keine Böe behindert. Kurz darauf lag ich schon. „Nicht schon wieder", dachte ich. Jetzt war alles egal. Im unteren Teil fuhr ich nur noch Vollgas, mir war es egal, wenn ich ausscheiden sollte, denn nach diesem Fehler war keine Zeit mehr zu holen. Um so mehr erstaunte mich dann die Bestzeit im ersten Lauf – ein gutes Zeichen für den zweiten Durchgang.

Zwischenzeitlich hatten sich die Bedingungen weiter verschlechtert, zum Wind kam noch Schneefall, und auch die Sicht war nicht mehr die beste. Irgendwie fühlte ich, daß mich an diesem Tag alles nur noch stärker machen würde. Das war auch so. Ich ging noch einmal aggressiv in den Lauf, in der Addition der zwei Läufe hatte ich fast 2,5 Sekunden Vorsprung. Und: Ich hatte das rote Trikot des Führenden wieder.

Die Pressekonferenz in Saalbach verlief dann ziemlich entspannt, es wurde recht viel geblödelt, und ich konnte mir auch den einen oder anderen Scherz nicht verkneifen. Da entstand die Geschichte mit dem Zuckerbäcker, die ich später einmal lesen sollte. Die letzte Frage drehte sich um die bevorstehenden Super-G-Läufe in Schladming und was ich mir hier erwartete. „Ich kann mich nicht erinnern, wann ich den letzten Trainingslauf verloren habe", sagte ich. „Im Super G bin ich nämlich derzeit am stärksten drauf. Ich kann zweimal gewinnen."

Damit hatte ich mich selbst unter Druck gesetzt. Aber ich war so locker und in einer so guten Form, daß ich mir sicher war, auch in Schladming zweimal gewinnen zu können.

Es war der gleiche Start wie einst im Profi-Rennen. In mir kam ein ganz eigenartiges Gefühl hoch. Im Sommer war ich da oft vorbeigefahren und hatte mir das Bild vorgestellt. Der Weltcup-Super-G müßte mir liegen, dachte ich mir. Und: Zum Weltcup, da müßten auch viele Zuschauer kommen. Mehr Motivation benötigte ich gar nicht. Mein Ziel vor der Saison war es, daß ich jeden Super G gewinne. In Schladming konnte ich das umsetzen. Als ich das Eis auf der Piste sah, wußte ich: „Da geht jetzt der Rauch auf."

Bei der Hangbefahrung hatte ich schon ein großartiges Gefühl. Bei der Besichtigung ließ ich mir diesmal extra viel Zeit. Bis mich der Kurt Engstler anfunkte: Ich müsse sofort ins Ziel kommen oder aus dem Hang ausfahren, denn der Schweizer Trainer stehe schon neben ihm und wolle hundert Franken Protestgebühr. Ich bin ohne Besichtigung hinunter, im unteren Teil nur mehr an den Toren vorbei, damit sich das Zeitlimit ausgeht und es keine weitere Disqualifikation gibt. Beim zweiten Rennen war es auch knapp, aber da ging es sich besser aus. In Garmisch-Partenkirchen einige Wochen später schaffte ich es nicht mehr, da mußte ich oben aus der Strecke hinaus.

Warum ich immer in Zeitnot komme? Nun, ich kenne einen Großteil der Strecken nicht und will mir möglichst viel einprägen. Gleichzeitig will ich aber auch nicht mit der Masse von Tor zu Tor rutschen, ich schaue mir das Ganze lieber alleine an. Manchmal warten auch Läufer auf mich, weil sie glauben, daß sie da etwas von meiner Linie abschauen könnten. Da lasse ich mir dann immer besonders viel Zeit.

Schladming war praktisch ein Heimspiel. Ich wohnte zu Hause, fuhr nur zu den Rennen und konnte so den ganzen Rummel vermeiden. Nach dem ersten Sieg am Samstag abend war ich mit der Petra bei meinen Eltern, und da ließen wir die letzten Jahre Revue passieren. Die Schwierigkeiten, den Einstieg, den Sturz in Chamonix, die Disqualifikation von Val-d'Isère, die Siege. Wenn man im Weltcup-Zirkus steckt – und den Namen Zirkus trägt der nicht umsonst –, wird man von den Ereignissen oft selbst überrollt.

Man denkt nur mehr von Rennen zu Rennen, von Training zu Training, es bleibt kaum Zeit zum Nachdenken. Du bist in einem Korsett, aus dem du kaum mehr herauskommst. Bei Pressekonferenzen kommt manchmal die Frage, wie ich mich denn nun nach dem Sieg oder dem zweiten Platz fühle. Natürlich ist ein Erfolgserlebnis angenehm, du weißt vor allem, daß die Arbeit nicht umsonst war. Aber meistens denkst du schon an das nächste Rennen, wieviele Stunden Autofahrt dir jetzt bevorstehen, wo du morgen trainieren wirst. Daß wir nach einem Rennen ein Faß aufmachen und bis zum Morgen feiern, das gibt es im Weltcup nicht mehr. Ich weiß nicht, ob das wirklich jemals der Fall war oder ob das nur Geschichten von früher sind. Heutzutage ist das Rennen vorbei, wir haben meistens noch eine Besprechung mit den Trainern oder ein Essen, und dann hat es jeder eilig.

Die zwei Rennen von Schladming waren je hundert Punkte für den Sieg wert und ermöglichten mir im Weltcup jetzt endgültig eine neue Ausgangsposition. Mit 371 Zählern Vorsprung auf den Stefan Eberharter war es nun möglich, den Weltcup vielleicht schon vor den Olympischen Spielen zu entscheiden. Diese Vorstellung war für mich deswegen so erfreulich, weil sie mir den Rücken für die Olympischen Spiele frei gemacht hätte. Der Druck wäre abgefallen, weil ja ein Saisonziel erreicht wäre.

Zwei Tage nach Schladming stand schon Adelboden im Weltcup-Kalender. Wenn Schladming ein Heimspiel war, dann war Adelboden genau das Gegenteil. Für Michael von Grünigen war es eine der letzten Chancen, um die Riesentorlauf-Wertung noch umzudrehen. Zudem war ich überzeugt, daß mir in der Schweiz nach der Affäre um die rote Linie in Val-d'Isère wenig Sympathien entgegenschlagen würden.

Die Teamführung hatte für die Anreise einen Lear Jet organisiert, das war für uns alle eine Erleichterung. Anstatt acht Stunden im Auto zu sitzen, konnten wir so noch am Montag trainieren. Ich nutzte das für ein Training in Obertauern und fuhr etwas spät von zu Hause weg. Auf dem Salzburger Flughafen kam ich schon im Laufschritt in die Abfertigungshalle. Ich wußte nur, daß wir nach Bern fliegen würden. Aber da stand London, Paris, Frankfurt und Zürich, nur nicht Bern. „Die werden doch wohl nicht auf mich vergessen haben", war mein erster Gedanke. Haben sie auch nicht – nur ist die General Aviation eben ums Eck. Jetzt weiß ich das auch.

Adelboden war nach Kranjska Gora, Saalbach-Hinterglemm und Schladming das fünfte Rennen in nur elf Tagen. Langsam kam ich wieder in den Bereich der Überlastung. Die Schienbeine waren an der Vorderseite entzündet, doch das hatten wir noch im Griff. Das Bedenklichste war: Ich spürte, daß die Form abnahm. So richtig angefangen haben die Problem mit dem Schienbein in Wengen.

Es war mein erster Auftritt in Adelboden. Das ist eine eigene Welt, das ist wie eine Reise in den Weltcup vor fünfzig Jahren, wenn es ihn da schon gegeben hätte. Aber es waren viele Zuschauer da, das Rennen ist gut organisiert, und die Stimmung im Team war nach den letzten Siegen auch gut. Leider herrschte auch in Adelboden Schneemangel. Das bedeutete, daß wir meist keine oder keine gute Strecke zum Trainieren und Einfahren hatten. Es war das übliche Szenario: Die Riesentorläufer hatten Zeit zum Trainieren, und wir kamen im Rennstreß von den Super-G-Läufen aus Schladming und hatten jetzt auch keine passende Trainingsstrecke.

Das ganze Rennen war ein Länderkampf Österreich gegen die Schweiz. Ich hätte aber nicht erwartet, daß ich da so freundlich empfangen werde. Die Schweizer waren begeistert, schon zur Startnummernauslosung kamen unheimlich viele Zuschauer. Ich zog die schlechtestmögliche Nummer. Eins bis sieben standen zur Auswahl, und ich zog natürlich die Sieben, und der Michael von Grünigen zum Gaudium der Fans die Nummer eins. Der Moderator fragte mich, ob ich jetzt enttäuscht sei. „Nein, da komme ich wenigstens nicht zu spät", antwortete ich ihm. Da war dann das Eis gebrochen. Auf dem Weg zum Hotel sprachen mich viele Fans an und ersuchten mich um Autogramme. Das war eine positive Überraschung, denn ich hätte eher vermutet, daß sie mich schon bei der Startnummern-Auslosung auspfeifen würden.

Den ersten Lauf in Adelboden setzte unser Trainer Toni Giger. Das war zumindest einen kleiner Vorteil, auch wenn das oft überschätzt wird. Er kann keinen Lauf für dich oder einen anderen Läufer setzen, er kann ihn nur etwas schwieriger oder einfacher gestalten, das ist alles. Wir hatten das Gefühl, daß ich recht sicher auf dem Ski stehe, und so setzte er den Lauf eben möglichst schwierig. Allerdings ist der Hang auf dem Kuonisbergli in

Adelboden ohnehin schon schwierig genug, da bleibt nicht viel Spielraum. So einen Lauf muß man meist nach der Geländebeschaffenheit setzen.

Nach dem ersten Durchgang hatte ich fast eine Sekunde Vorsprung auf von Grünigen. Der Stefan war ausgefallen, ich konnte also die Weltcup-Führung weiter ausbauen. Für die Schweizer sah es ziemlich schlecht aus, und wir wußten, daß die im zweiten Lauf Vollgas geben würden. So war es auch. Von Grünigen führte vor Paul Accola, ich war der letzte im Starthaus. Diesen Triumph wollte ich ihnen nicht gönnen. Den oberen Teil war ich gut gefahren, darum mußte ich unten nicht mehr alles riskieren. Im letzten Teil brach mir noch der Stock, das merkt man sofort, man bekommt Probleme mit dem Gleichgewicht. Ich nahm das Tempo aus dem Lauf und hoffte, daß es sich noch ausgeht. Im Ziel war ich mir ziemlich sicher. Ich riß die Hände hoch und drehte mich gar nicht nach der Anzeigetafel um.

Die entscheidende Frage war aber noch immer nicht beantwortet: Sollte ich nach Wengen fahren, eine Pause einlegen oder doch alle Rennen bestreiten?

Maier und Kitzbühel:
Willkommen im Chaos

Mit den Trainern war ausgemacht, daß wir von Tag zu Tag entscheiden, ob wir unterbrechen oder weiterfahren. Adelboden war vorbei, Wengen stand zeitlich und räumlich vor der Tür, und die Entscheidung fiel letztlich kurzfristig. Ich fühlte mich gut und wollte meine Serie nicht beenden: vier Rennen und vier Siege in einer Woche. In Wengen standen zwei Abfahrten bevor, zusammen mit dem Slalom von Veysonnaz ergab das noch eine Kombinationswertung. Vier Bewerbe, das erschien mir zu verlockend, um jetzt eine Pause zu machen.

In den Medien wurde schon ausreichend über meine mögliche Kitzbühel-Absage spekuliert. Die Zeit wurde tatsächlich eng. Eine Ruhe- und Behandlungswoche mußte ich vor Nagano noch unbedingt einschieben, doch es gab nur noch drei Wochenenden: Wengen, Kitzbühel und Garmisch. Für Wengen sprach, daß ich mitten in einer Erfolgsserie war und hier gleich viermal die Chance auf Weltcup-Punkte bestand. Wenn ich hier auch noch einmal schnell bin, dann ist der Weltcup vorzeitig entschieden, das wußte ich. Für Kitzbühel sprach, daß das der Klassiker schlechthin und unser Heimrennen war. Und für Garmisch-Partenkirchen sprach, daß es das letzte Renn-Wochenende vor den Olympischen Spielen war. Aus einer Pause heraus in ein Großereignis zu gehen, das ist auch nicht optimal.

Es war also vereinbart, daß wir von Rennen zu Rennen weitersehen und uns kurzfristig entscheiden. Nach Adelboden bedurfte es gar keiner Diskussion: Wir fuhren weiter nach Wengen.

Wenn Adelboden ein Stück Ski-Historie ist, gilt das im gleichen Maße erst recht für Wengen. In der Talstation Lauterbrunnen müssen die Autos geparkt oder parkiert werden, wie man in der Schweiz dazu sagt, dann geht es mit der einspurigen Bahn auf den Berg Richtung Kleine Scheidegg und weiter aufs Jungfraujoch. Die zweite Station ist Wengen. Das ist zwar romantisch für einen Urlaub zu zweit, aber für die Teams ist das ein Wahnsinn. Das ganze Material muß vom Auto auf die Bahn umgeladen werden. Beim Umladen auf dem Bahnhof schauten alle ziemlich blöd: Die meisten kamen mit ihren Skisäcken, ich mit einem Fahrrad. Den Hometrainer wollte ich unbedingt mitnehmen. Das war zwar eng in der Bahn, aber es ging.

Die Lauberhorn-Abfahrt und der Hundschopf, das waren für mich echte Jugendträume. Wenn man als Bub vor dem Fernseher sitzt und Sportübertragungen ansieht, dann bleiben einem ganz subjektive Erinnerungen an Namen und Orte in Erinnerung. Monza ist so ein Ort in der Formel 1, Wimbledon im Tennis, Kitzbühel und die Mausefalle oder Wengen und der Hundschopf sind jeweils das Pendant dazu aus dem Skisport.

Der Hundschopf ist, streng genommen, nur ein Felsen, über den gar keine Skiabfahrt geht. Nur die Herren-Abfahrt führt seit jeher über diesen Sprung. Wengen ist ein Stück Skigeschichte, da glaubst du ständig, hinter dem nächsten Eck kommen noch der Russi oder der Sailer mit den Skiern auf der Schulter vorbei. Ich hatte aber vorerst genug zu tun, um mir die Strecke zu merken. Die Lauberhorn-Abfahrt ist die längste im Programm. Beim Besichtigen bin ich wie ein Tourist mit Streckenplan auf der Piste gestanden. Zum Glück könne man sich nicht verfahren, weil ja alles mit Fangnetzen eingezäunt ist, scherzte ich noch. Die Gefahr ist zwar nicht gegeben, aber es ist nicht leicht, sich auf einer so langen Strecke beim ersten Mal Besonderheiten des Geländes zu merken.

Beim ersten Training war mir nicht ganz klar, wie ich den Hundschopf anfahren sollte. Beim ersten Trainingslauf sprang ich zu kurz, beim zweiten Training zu früh, das war wieder schlecht. Als ich ins Rennen ging, wußte ich immer noch nicht, wie ich die Passage anfahren sollte. Ich hätte mir gar keine Gedanken machen müssen, denn ich sprang irrsinnig weit und war noch dazu relativ weit außen am Netz. Es war praktisch die direkte Linie, die nicht unbedingt die schnellste ist, aber im Fernsehen wahrscheinlich am spektakulärsten wirkt. Im Flug dachte ich mir noch, wenn du da im Netz hängen bleibst, dann schaust du auch nicht mehr gut aus. Warum die meisten anderen nicht die gerade Linie wählen, bemerkte ich einen Bruchteil später: du landest nämlich fast im Flachstück. Beim Aufsprung stand ich zwar, aber es war wie ein elektrischer Schlag gegen meine Schienbeine. Zum Glück hast du da keine Zeit zum Nachdenken, denn unmittelbar darauf folgen Mintsch-Kante, Canadien-Corner und die Bahnunterführung. Im Ziel-S fehlt den meisten schon die Luft, aber gerade da solltest du eine saubere Linie fahren. Zudem waren es überhaupt nicht meine Bedingungen. Im Training war es schon sehr warm, in der Nacht zuvor hatte es Neuschnee gegeben. Darum war ich im Ziel doppelt überrascht über die Bestzeit.

Vielleicht brachte mir an diesem Tag auch die Startnummer 13 Glück. Durch Nebel und Neuschnee gab es immer wieder Unterbrechungen. Da verändern sich die Bedingungen, einer erwischt es besser, einer schlechter. Bei mir waren die Bedingungen ganz in Ordnung. Sonst kann man wohl nicht gewinnen. Nur meine Schienbeine waren nach dem Tag nicht mehr in Ordnung. Für gewöhnlich lasse ich mir die Beine mit Eis behandeln, speziell vor dem Einschlafen. Oft braucht der Masseur zwei Kübel voll Eis, die er auf den Beinen verreibt, bis sie ganz kalt sind. Darum bin ich auch immer der letzte im Team, der schlafen geht, weil sich die Behandlung relativ lang zieht. Wenn du vom Massagetisch aufstehst, sind die Beine eiskalt, aber sobald du im Bett liegst, werden sie wegen der starken Durchblutung fast heiß. Die Kellner glauben meistens, daß wir schon am Vorabend kräftig feiern, aber leider ist das Eis nicht für die Getränke. In Alta Badia versuchte ich diese Eismassage auch zwischen den Durchgängen, aber das machte alles nur schlechter.

So arg wie jetzt in Wengen waren die Probleme mit den Schienbeinen noch nie gewesen. Dennoch wollte ich mich durchbeißen. In Adelboden hatte es noch gut funktioniert, die zweite Abfahrt würde ich schon noch durchstehen. Die war nämlich die wichtigere, denn das war die eigentliche Lauberhorn-Abfahrt, die mit dem Slalom von Veysonnaz die Lauberhorn-Kombination ergab. Ich biß die Zähne zusammen, wollte nach dem Hundschopf nicht wieder so weit springen und auf die Slalom-Fahrer im Feld einen möglichst großen Vorsprung herausholen. Während des Laufes hatte ich zwar keine Schmerzen, aber wenn du nicht völlig fit bist und deinem Körper vertrauen kannst, bist du in der Abfahrt gleich zurück. In diesem Fall waren es 1,33 Sekunden auf den Andi, aber Rang drei brachte wieder

Erste Erfolge

60 Punkte und vor allem eine gute Ausgangsposition für den Slalom einen Tag später.

Die Abreise aus Wengen war noch chaotischer als die Anreise. Zwei Helikopter sollten fliegen, für den ersten kam ich fast zu spät. Aber einer war wieder ausgestiegen, weil er zuviel Gepäck hatte, und so bekam ich den Platz. Es war mein Glück, denn der zweite Helikopter konnte dann wegen Schlechtwetter nicht mehr aufsteigen.

Die Vorstellung, daß ich nun Slalom fahren sollte, amüsierte mich. An meinen letzten Slalom mußte ich lange zurückdenken. Das war vor drei Jahren in Gosau. Bei der Salzburger Landesmeisterschaft gewann ich damals, glaube ich, mit über neun Sekunden Vorsprung. So leicht wird es in Veysonnaz nicht mehr gehen. Zwei Trainingsläufe standen vorher noch auf dem Programm. Das Gefühl für den Slalom war da, nur die Beine machten mir nach wie vor schwer zu schaffen. Das Einfahren am Sonntag war kaum mehr möglich. Ich fuhr mit beiden Skischuhen offen zum Start, die Beine brannten wie Feuer. Zwei Durchgänge noch, dann brauche ich eine Pause. Es war der Moment, in dem ich entschied, in Kitzbühel nicht anzutreten.

Der Slalom machte mir, wie erwartet, ziemlich viel Spaß. Einmal nicht als Favorit am Start, einmal nicht als der Gejagte, einmal ein Rennen für mich. Es lief auch ganz gut, ich war Zehnter gesamt und hinter dem Thomas Stangassinger, der gewonnen hatte, sogar der bestklassierte Österreicher. „Vielleicht fahre ich jetzt auch bei den Olympischen Spielen von Nagano im Slalom", witzelte ich noch, doch eigentlich war mir an diesem Tag nicht mehr nach Scherzen zumute. Ich wußte sehr genau, daß mein Körper jetzt eine Ruhepause benötigte, dringend noch dazu. Mit dem Helikopter ging es unmittelbar nach dem Slalom in das Fernsehstudio nach Zürich zum Schweizer Fernsehen, danach weiter mit dem Flugzeug nach Salzburg.

Ich fühlte mich todmüde, aber zufrieden. Saalbach-Hinterglemm, zweimal Schladming, Adelboden, Wengen, das waren fünf Siege, dazu der Lauberhorn-Kombinationssieg – das macht sechs Siege in zwölf Tagen. Das war die Vorentscheidung im Weltcup, zumindest für Österreich. Michael von Grünigen lag fast 900 Punkte zurück, damit war die Kugel nach 28 Jahren wieder in Österreich.

Trotzdem stand mir das Chaos erst bevor.

Maier und Kitzbühel: Willkommen im Chaos

Das Chaos hieß Kitzbühel. Ich wußte, daß eine Absage einem Staatsverrat gleichkommt. Ich wußte aber auch seit Veysonnaz, daß ein Antreten wenig Sinn machen würde. Dennoch wollte ich es probieren, das war ich schuldig. Den Montag verbrachte ich wieder mit Behandlungen in Obertauern. Auf dem Weg dorthin hörte ich schon im Radio, daß Hermann Maier in Kitzbühel nicht dabei sein würde. Als ich am Abend zurück nach Flachau fuhr, hörte ich, daß ich vielleicht doch antreten würde. Jetzt konnte ich mir eindrucksvoll vorstellen, was mich in Kitzbühel erwartete.

Einen Tag darauf telefonierte ich mit den Trainern und teilte ihnen mit, daß es keinen Sinn hat. Wir waren eigentlich einer Meinung, und noch dazu saß ihnen die Geschichte mit Thomas Sykora ein Jahr zuvor im Kopf. Er kam nach einer Siegesserie im Slalom nach Kitzbühel, und da brach der ganze Rummel um seine Person herein. Genau das wollten wir heuer verhindern. Aber ich wollte am Mittwoch selbst nach Kitzbühel kommen und es allen persönlich mitteilen.

Der Tag war ziemlich spektakulär. Im Vorfeld hatte ich mit unserem Pressemann Manfred Kimmel ausgemacht, daß ich den ganzen Tag über für die Medien zur Verfügung stehe und dann das restliche Wochenende verschwinde und meine Ruhe haben werde. Im Grunde wußte ich, was mich erwartete – trotzdem hatte ich keine Ahnung. Es begann mit einer Pressekonferenz für die österreichischen Medien um elf Uhr vormittag und endete um 20 Uhr mit einer Fernsehaufzeichnung. Dazwischen gab es alle 30 Minuten einen neuen Interviewtermin. Von *Wall Street Journal* bis RTL. Am Ende hatte ich das Gefühl, daß ich schon alles zehnmal erzählt hätte, aber dennoch interessierte es scheinbar immer wieder aufs Neue.

So fertig wie an diesem Abend war ich noch selten gewesen. Ich fühlte mich k. o., der ganze Rummel in Kitzbühel war mir zuviel, und die Sache mit den Schienbeinen begann mich zu belasten. Ich hätte das Rennen nicht mehr fahren können, selbst wenn ich gesund gewesen wäre, denn ich hatte den Kopf nicht mehr frei.

Und nur noch zwölf Tage Zeit bis zum Unternehmen Olympische Spiele.

III.
DIE GOLDENEN TAGE VON NAGANO

Auf in die Ungewißheit

Auf nach Japan: Das klingt im Skisport wie eine Drohung. Die meisten im Ski-Zirkus verbinden mit Japan wenig Positives. Die Sprache kommt sofort auf Morioka 1993. Das war die Chaos-Weltmeisterschaft, die ich zum Glück (oder Pech?) noch nicht miterlebt habe. Verschiebungen über Verschiebungen, Rennen hart an der Grenze der regulären Bedingungen. Dazu wohnten alle Mannschaften gemeinsam in einem riesigen Hotelkomplex nahe der Rennstrecke, und die lag offensichtlich im Niemandsland. Wenn die Rede auf Morioka kommt, dann erzählen alle nur die schlimmsten Schauermärchen.

Die alljährlichen Weltcup-Rennen in Japan waren auch nicht gerade dazu angetan, diese Meinung zu heben. Ohne Verschiebung ging gar nichts, meist war man schon glücklich, wenn überhaupt ein Rennen stattfinden konnte. Dafür mußte man dann innerhalb einer Woche 20.000 Meilen fliegen und zwei komplette Zeitumstellungen durchmachen.

Vor Nagano empfand ich es als Glück, daß ich weder die WM in Morioka erlebt hatte noch die vielen Verschiebungen der letzten Jahre. So hatte ich wenigstens für mich das Gefühl, daß Japan ein ziemliches Abenteuer mit hoffentlich gutem Ausgang werden würde. Im Jahr vor den Spielen war ich zweimal in Japan gewesen, erst bei den Rennen in Shiga Kogen, wo ich einen Riesentorlauf gefahren war, und danach auf Einladung in einem Race Camp.

In diesen Race Camps erlebte ich zum ersten Mal die Begeisterung der Japaner für Skisport. Ein Race Camp, das ist so eine typisch japanische Erfindung. Nach Saisonschluß werden die meisten Ski-Firmen eingeladen, ihre Läufer zu einem solchen Trainingslager nach Japan zu schicken. Für die

Ski-Firmen ist das eine gute Werbung im größten Skimarkt, und für die Japaner ist das Zusammentreffen mit Weltcup-Fahrern ziemlich aufregend. So kamen der Sigi Voglreiter und ich im April 1997 in die Race Camps nach Iwatake und Naeba.

Hier werden einem zwar alle Wünsche von den Augen abgelesen, doch das Programm selbst ist ziemlich anstrengend. Wer als Privatperson an einem solchen Race Camp teilnimmt, der muß auch für japanische Verhältnisse viel Geld bezahlen. Das heißt dann, auf Japan umgelegt, die wollen auch den ganzen Tag fahren bis zum Umfallen. Da gibt es keine Hüttengaudi, sondern nur Training, Kurse, Theorie und Rennen. Es spielt auch keine Rolle, daß vielleicht kein Schnee mehr liegt. Bezahlt ist bezahlt, dafür wird gefahren, ob jetzt noch Schnee liegt oder nicht.

So wurden der Sigi und ich ersucht, als Vorläufer bei einem Studentenrennen in Iwatake zu fahren. An unserer Richtzeit sollten sich die Japaner messen. So ein Rennen habe ich in meinem ganzen Leben vorher und nachher nie mehr wieder gesehen: Bei diesem Riesentorlauf waren 700 Läufer am Start. Weil es schon sehr warm war und obendrein Schneemangel herrschte, legte man neben der Strecke Plastikmatten auf, damit nicht die Erde durchkommt. Bei diesen Temperaturen müssen spätestens nach hundert Fahrern knietiefe Wannen in der Strecke gewesen sein. Ob sich die Unglücklichen mit Nummer 699 und 700 noch für den zweiten Durchgang qualifizieren konnten, weiß ich leider nicht. Die wären besser mit einer Motocross-Maschine angetreten. Bei diesen Race Camps freundeten wir uns auch erstmals mit den typisch japanischen Lebensgewohnheiten an: Wir schliefen auf dem Boden und löffelten schon zum Frühstück die Miso-Suppe. Ich war um diese Erfahrungen sehr froh.

Der Abflug nach Japan erfolgte unmittelbar nach dem letzten Weltcup-Wochenende von Garmisch-Partenkirchen. Das waren meine ersten beiden Rennen nach der Pause von Kitzbühel, und ich fühlte mich erstmals wieder in Topform. Weniger mein Sieg im Super G hatte mich aufgebaut, mehr noch war es meine Fahrt an sich gewesen. Endlich konnte ich wieder in einem technisch schwierigen Lauf so attackieren, wie ich es mir gewünscht hatte. Mit Garmisch war auch der Weltcup für Österreich entschieden, nur noch Schifferer, Eberharter oder ich selbst konnten den Gesamt-Weltcup gewinnen. Zur Verabschiedung am Salzburg Airport kam die ganze Polit-Prominenz, vom Salzburger Landeshauptmann Schausberger abwärts.

Viel Zeit zum Umstellen hatten wir diesmal allerdings nicht: Montag Abflug, Dienstag Ankunft in Tokio, Mittwoch erstes Training. Von Tokio fuhren wir sofort nach Hakuba, wo wir etwas abseits in einem vom ÖSV gemieteten Hotel wohnten. Das ist letztlich ein Riesenvorteil, du bekommst den ganzen Streß in den Olympischen Dörfern, wo du mit 5.000 anderen Athleten wohnst, nicht mit. Es ist ein bißchen mehr wie im Weltcup, es ist einfach vertrauter, und die Hektik bei solchen Großereignissen kommt noch früh genug.

Unser Hotel in Hakuba hatte den für japanische Verhältnisse seltsamen Namen „Der Weiße Hof". Das Hotel gehörte einem Japaner, der lange in der Schweiz gelebt und gearbeitet hatte und hier eine eigentümliche Mischung aus japanischem Hotel und Schweizer Hüttenromantik fabrizierte. Im Hotel ging das ja noch, in der Küche war der Brückenschlag schon etwas schwieriger. Meist gab es Gerichte „european style" mit japanischen Zutaten. Auch die FIS-Delegation wohnte in diesem Hotel, zum Beispiel Toni Sailer oder Bernhard Russi. Also muß es ein besseres Hotel gewesen sein.

Die größte Kunst in Hakuba war, unverletzt durch den Ort zu kommen. Es ergab sich eine lebensgefährliche Mischung: Abwechselnd Schnee und Regen machten die Gassen so spiegelglatt, daß schon ein Spaziergang zum Abenteuer wurde. Der Ortskern bestand aus einem engen Gassengewirr ohne Verkehrsregelung. Jeder fuhr mit seinem Auto so lange durch die engen Gassen, bis er auf dem Glatteis hängenblieb oder zwei Kolonnen die einspurigen Gassen in beide Richtungen verstopften.

Für japanische Verhältnisse lief alles ungewohnt chaotisch ab, aber wir durften uns nicht beklagen: Für uns Österreicher war alles vorbereitet, wir hatten eine eigene Wagenflotte, und in Gehweite befand sich das Österreich-Haus der Bundeswirtschaftskammer. Wir verbrachten einen der ersten Abende in diesem Haus. Es hat eine moderne Holzkonstruktion aus Tirol, mit der sich österreichische Firmen präsentieren können. Die Küche kommt natürlich auch aus Österreich. Einziger Nachteil: Es ist meistens so voll, daß du keinen Platz kriegst oder kaum Ruhe hast. An diesem ersten

Abend war es aber noch sehr angenehm und die österreichische Küche eine gute Alternative zu der japanisch-schweizerischen Mischkost.

Bevor ich an diesem Abend schlafen ging, sah ich noch durch das Fenster den leichten Schneefall und dachte: Hoffentlich geht das jetzt nicht wieder mit den Verschiebungen los.

Um drei Uhr früh fuhr ich aus dem Bett hoch, weil es sich anhörte, als ob der Krieg ausgebrochen wäre. Ein Schneepflug hatte die ersten fünf oder maximal zehn Zentimeter Schnee weggeräumt, aber er fuhr die Gasse vor unserem Hotelzimmer solange auf und ab, daß ich aufstand und nachsah, ob überhaupt noch Asphalt auf der Straße war. Das klang wie ein Panzer, der unter meinem Fenster durch die Straßen fährt.

Die Vorstellung, daß uns das jetzt zwei Wochen lang jede Nacht erwarten würde, war natürlich wenig aufbauend. Am nächsten Tag wollten wir das Zimmer wechseln, was nicht ganz leicht war, weil das Hotel schließlich komplett belegt war. Aber letztlich ließ es sich einrichten, und nun hatten wir ein Zimmer nach hinten hinaus – und damit hoffentlich leiser. Einziger Nachteil: Es war im japanischen Stil gehalten, also mit Schlafmatten anstatt der Betten. Zunächst wollten wir – wie im Weltcup teilte ich auch in Japan das Zimmer mit dem Andi Schifferer – die erste Nacht auf dem Fußboden verbringen, aber dann ließen wir uns doch zwei Matratzen bringen.

Etwas kompliziert war anfangs auch die Installation meines Fahrrades. Meinen Hometrainer hatte ich nämlich nicht aus Europa mitgenommen, sondern ließ mir in Japan einen ins Hotel liefern. Der war jedoch ganz anders in seiner Konstruktion und im Zusammenbau, zudem war die Beschreibung nur in japanischen Schriftzeichen gehalten. Das nächste bestellte Rad war dann ein gewohntes Modell, für das ich keine Beschreibung benötigte.

Leider war aber für das Rad kein Platz in dem engen Zimmer. Von jetzt an mußte entweder der Schiffi in den Fernsehraum gehen, dann konnte ich im Zimmer auf dem Rad sitzen, oder wir mußten uns sonst was einfallen lassen. Aber soviel konnte der gar nicht fernsehen, wie ich in diesen Tagen radgefahren bin. Eigentlich hätte er schon nach der ersten Woche perfekt japanisch sprechen müssen, aber dem war nicht so. Ich weiß auch nicht, was er sich da immer im Fernsehen angeschaut hat.

Auf in die Ungewißheit

In der Nacht stellten wir das Rad vor die Zimmertüre auf den Gang. Eines Tages war ich auf dem Weg zum Frühstück, da saß der Bernhard Russi drauf. Der wollte es auch probieren. Am Anfang war er skeptisch, doch nach ein paar Tagen war er völlig begeistert. Am liebsten wäre er gar nicht mehr hinuntergestiegen. Das war also die Eingewöhnungsphase in Hakuba: radfahren, relaxen und Österreich-Haus. Am Anfang ist das immer ein bißchen schwierig, aber man versucht, es sich so vertraut wie möglich zu machen.

Dann kam endlich das erste Training: Die meisten kannten die Abfahrt schon und äußerten sich nicht gerade positiv darüber. Es war eine Abfahrt ohne besondere Schwierigkeitsgrade, und im obersten Teil war ein völlig unmotivierter Sprung drinnen. Was es mit dem auf sich hatte, erfuhren wir erst im Laufe der Zeit. Es gab nämlich von Beginn an die Diskussion um den Startpunkt. Die FIS wollte von ganz oben starten, die Veranstalter hatten hingegen den örtlichen Umweltschutzgruppen zugesagt, daß der oberste Teil nicht betreten wird, weil er ein erklärtes Naturschutzgebiet ist. So etwas soll auch geschützt werden, das ist okay. Aber das war ein recht eigenartiges Naturschutzgebiet: Dort befand sich eine Liftstation, und Tausende Touristen fuhren da oben ganz selbstverständlich Ski.

Nach den ganzen Diskussionen war ich schon recht neugierig auf die Abfahrt – und ich wurde positiv überrascht. Es war gar nicht so schlimm, wie sie beschrieben worden war. Natürlich fehlten die ganz schwierigen Teile, aber es war nicht so flach, wie ich befürchtet hatte. Vielmehr störte mich da schon der Schnee, der in Japan immer relativ weich ist. Die Nähe zum Meer und die hohe Luftfeuchtigkeit sorgen da für eine ganz eigenartige Schneeschicht, die mit der in Europa nicht vergleichbar ist.

Letztlich erfuhren wir auch, was es mit dem Sprung im obersten Teil auf sich hatte. An dieser Stelle blühen nämlich im Sommer geschützte Blumen, also mußten die Veranstalter Sorge tragen, daß wir da nicht fuhren. Als Kompromiß gab es einen aufgeschütteten Sprung, und nun sprangen wir eben über die Pflanzen drüber. Dennoch war es gut, daß dieser Teil dabei war, er machte die Strecke wenigstens noch etwas länger.

Poker um die Startnummern

Vom ersten Training an spielten die Startnummern eine ganz entscheidende Rolle. Uns war klar, daß der Schnee und die äußeren Bedingungen hier die Rennen mit entscheiden werden. Die Schneekristalle in Japan verändern sich unglaublich schnell. Ein Kristall wird sehr früh in seiner Beschaffenheit umgewandelt, dann ist er vergleichbar mit unserem Altschnee, wenn er schon fünf, sechs Tage liegt. Der Schnee war leider auch dann weich, wenn es richtig kalt war. Das verblüffte mich am meisten. Eigentlich waren das nicht meine Bedingungen, aber ich versuchte, ruhig und entspannt zu bleiben.

Ein Atomic-Testteam war im Vorfeld in Japan gewesen, um sich auf diese Bedingungen besser einstellen zu können. Ein so großes Team wie Atomic ist da von Vorteil: Du kannst im Training noch vieles testen, jeder fährt einen anderen Ski, und du kannst danach die Resultate besser vergleichen und einschätzen.

So begannen wir bei der Wahl der Startnummern eher hoch und orientierten uns in weiterer Folge immer weiter nach vorne. Die frühen Nummern hatten jedenfalls einen gewissen Vorteil, das war klar, das wurde auch ausgetestet. Dennoch war das alles graue Theorie bei diesen schnell wechselnden Bedingungen. Du kannst vieles einplanen und berechnen, aber nicht den Wind und die Wolken. Wenn du auf dieser Strecke Gegenwind bekommst, kannst du gleich abschwingen.

> Die Wahl der richtigen Startnummer wurde in Hakuba fast zum Lotteriespiel. Nicht nur Wind, Wolken und damit die Sonneneinstrahlung wechselten einander sehr schnell ab; auch während der Rennen gab es große

Unterschiede in der Schneebeschaffenheit. Die ÖSV-Betreuer testeten die Bedingungen vor der Abfahrt exakt und kamen auf verblüffende Werte: Innerhalb einer halben Stunde veränderte sich die Temperatur um sieben Grad, sie stieg allerdings nicht, sondern sie fiel am späteren Vormittag, und die Luftfeuchtigkeit variierte um 30 Prozent. Für Toni Giger stand schon bald fest: „Es gibt hier in fast jedem Training signifikant schnellere Nummern. Wir können es uns auch hinterher erklären, warum dies so ist, nur wissen wir nicht, wann diese Phase eintritt. Im ersten Training waren die Nummern 8 bis 16 begünstigt, im zweiten die Nummern 1 bis 8."

Die Temperaturwerte des 2. Abfahrts-Trainingslaufes			
Startnummer / Läufer	Lufttemperatur	Schnee-temperatur	Luft-feuchtigkeit
1 Brian Stemmle (KAN)	+ 2° C	- 7° C	31 %
11 Werner Franz (AUT)	+ 5,5° C	- 4,4° C	23 %
31 Paul Accola (SUI)	- 1,4° C	- 6,0° C	32 %

Wie jedes Jahr stand aber auch die Frage der Abfahrtsqualifikation an. Der Andreas und ich waren zum Glück gesetzt, das war von den Ergebnissen in der Weltcup-Saison zuvor auch in Ordnung so. Sechs Leute fuhren folglich um die zwei restlichen Plätze: Fritz Strobl, Josef Strobl, Hannes Trinkl, Stefan Eberharter, Hans Knauss und Werner Franz – das ist zwar bitter, aber das ist der übliche Kampf in einem österreichischen Olympia-Team. Mit Pepi Strobl, Eberharter, Knauss und Franz waren gleich vier Atomic-Fahrer dabei, daher wußten wir recht gut Bescheid über das Material und welche Ski hier besonders gut gehen.

Vom ersten Training weg sind die natürlich aufs Tempo gestiegen, da gibt es kein Abwarten. Du weißt nicht, wie morgen das Wetter ist, wann es wieder schön sein wird, wann das nächste Training stattfindet. Auch wenn das erste Training nur informell war und für die interne Qualifikation nicht zählte, so gingen die vier aus dem Team doch alle schon recht weit an das Limit heran. Das würde ich auch so machen: Besser, du hast ein gutes

Ergebnis, als du hast keines. Das setzt den anderen unter Druck. Auch wenn das Training nun vielleicht noch nicht ausschlaggebend ist. Immerhin bleibt ein Eindruck.

Bei so einer Qualifikation entsteht natürlich auch eine gewisse Eigendynamik. Wir treten zwar als ein Team an, letztlich will aber niemand für jemand anderen den Platz räumen. Jeder will selbst seine Chance wahrnehmen. Das ist auch verständlich so. Zumindest unser Zimmer war davon verschont. Der Andreas und ich hatten den Platz fix, so konnte wir uns in Ruhe auf die Abfahrt vorbereiten.

Das erste Training ging recht gut, ich fuhr nicht voll und war trotzdem zeitlich in Reichweite mit den anderen. Das zeigte mir, daß ich die Strecke ganz gut im Griff hatte. Das zweite Training war wieder überraschend gut. Der zweite Sprung war wieder zu weit, aber das hatte mit dem Tempo zu tun. Langsam konnte ich mich auch mit dem unteren Streckenteil, den ich bis dahin nicht besonders mochte, anfreunden. Der Werner Franz war auf dem besten Weg zur Qualifikation, aber ihm passierte ein schwerer Fehler, daher war Hannes Trinkl der schnellste der Qualifikanten und bekam den dritten Startplatz. Der vierte Startplatz ging an Fritz Strobl.

Das dritte Training war für uns schon ungewöhnlich. Normal gibt es bei den Abfahrten zwei Trainings, du schaust dir die Strecke genau an, versuchst in den Kurven deine eigene Linie zu finden und meist im zweiten Training zu testen, ob das geht. Ein drittes Training haben wir im Weltcup fast nie, und diesmal erschien mir das auch als Nachteil für mich. Ich hatte die Strecke genau studiert und mir eingeprägt, ich wußte, was ich fahren möchte und werde, und ich hatte die Linie im Training auch ausprobiert. Ich war mit der Abfahrt eigentlich im klaren und wollte kein drittes Training mehr. Denn das gab auch den anderen wieder neue Erkenntnisse.

Für die Olympia-Abfahrt am Sonntag war der Wetterbericht jedoch schlecht. Ab Mittag sollte es schneien, aber wir hofften, das Rennen doch noch durchzukriegen. Die ersten Vorläufer gingen bereits auf die Strecke, aber prompt kam der Nebel und dann auch noch der befürchtete Schneefall: Absage.

Kaum waren wir zurück im Quartier und beim Mittagessen, änderte sich das Wetter schlagartig. Es war unglaublich: strahlend blauer Himmel und noch dazu windstill. Sogar dieses Wetterfenster wurde vorhergesagt, doch nun sah es ganz schlecht aus: Schneefall bis Dienstag – eine komische Situation. Aber noch war die Stimmung gut.

Das neue Programm war so gar nicht nach meinem Geschmack. Erst sollte es am Montag mit dem Kombinationsslalom losgehen, dann wieder am Dienstag mit der Kombinationsabfahrt. Für einen Abfahrer ist ein Slalom immer der schlechteste Einstieg in eine Rennserie. Das war genau jener Bewerb, den ich zum Auftakt am wenigsten gebraucht hätte. Ich wollte eine schnelle Disziplin haben, eine mit echten Medaillenchancen. Wenn du als Abfahrer oder Super-G-Fahrer in den Kombinationsslalom einsteigst, hast du immer einen Nachteil: Du beginnst ohne Erfolgserlebnis.

Leider hatte der Wetterbericht wieder einmal haargenau gestimmt. Über Nacht kam der große Schneefall, so wie er vorhergesagt worden war: 70 Zentimeter Schnee, damit waren die ganzen Testergebnisse hinfällig. Der Neuschnee machte die ganze Piste weich, so schnell konnten sie den gar nicht wegschaufeln. Wir würden eine völlig neue Abfahrt fahren, soviel war uns schon klar, die Verhältnisse waren nicht mehr zu vergleichen. Das war auch keine erheiternde Perspektive.

Die Trainer arbeiteten an diesem Montag wahnsinnig viel, sie brachten den Schnee aus unserer Piste, und wir hatten als einzige Nation eine Einfahrstrecke, die wirklich okay war. Das ist auch ein Vorteil unserer Truppe, diese unermüdliche Arbeit, die keiner sieht. Dennoch gab es eine Absage: Die Neuschneemassen waren nicht aus der Strecke zu bringen. Wieder kam ein neuer Zeitplan, und der sah wieder ganz anders aus: Dienstag Kombinationsslalom, Mittwoch Abfahrt, Donnerstag Kombinationsabfahrt. Nun wurde es mühsam. Wir waren schon eine Woche in Japan, und alles, was wir hatten, waren drei Trainings, aber noch kein Rennen. Es trafen genau die Prognosen der Kritiker ein, die vor Olympischen Spielen in Japan gewarnt hatten. Langsam schien die Stimmung zu kippen. Zudem war Hakuba kein Ort zum Entspannen oder Ablenken. Wir hatten die Wahl zwischen Video, Laufen und Spielsalon. Ich bevorzugte meinen Hometrainer.

Nicht nur die Absage war ärgerlich, sondern auch die Auslosung. Ich war in der zweiten Startgruppe, die mit den Nummern acht bis 15 fährt. Für das

Rennen war eine möglichst niedrige Nummer von Vorteil, also am besten die Acht. Beim ersten Versuch zog ich die Acht, nach der Absage wurde neu gelost – und ich bekam die 15.

Der weiche Schnee war das eine Handicap bei diesem Kombinationsslalom, die Kurssetzung das andere. Filip Gartner setzte den ersten Durchgang. Filip Gartner ist ein Slowene, der früher beim ÖSV Techniktrainer gewesen ist und nun die Norweger betreut. Es war ein K.-o.-Lauf gegen die Favoriten: ein unrhythmisch gesteckter Lauf gegen die Slalomspezialisten, aber ein Lauf, der für Allrounder an der Grenze des Fahrbaren war. Es ging wahnsinnig weit hin und her, du bekamst kein Gefühl. Wir hatten schon so eine Ahnung: Nachdem wir die Norweger und deren Kurse einmal bei ihrem Slalom-Training gesehen hatten, befürchteten wir genau so einen Kurs. Die trainierten solche unrhythmischen Läufe, normal macht man im Training etwas ganz anderes.

Aus der Sicht von Filip Gartner war das clever gemacht, er versuchte, seine Läufer nicht zuviel Zeit verlieren zu lassen. Mein letzter Slalom zuvor war in Veysonnaz gewesen. Da hatte ich den Rhythmus ganz gut gefunden, diesmal aber überhaupt nicht. Ich stach mir gleich zweimal mit dem Stock auf den Ski, das war schon kein gutes Zeichen. Beim Fahren sah ich auf der Seite plötzlich einen Mann im gelben Anzug. Das war der Schweizer Bruno Kernen, der war ausgefallen. Das ist ein komisches Gefühl, denn irgendwie konzentrierst du dich unbewußt auf den Läufer, der neben der Piste steht, und denkst dir, was da wohl passiert sein mag. Lange konnte ich nicht nachdenken, denn ich machte ebenfalls einen Fehler, der mich das ganze Tempo kostete. Ein Steher – das ist im Slalom so ziemlich das Schlimmste, was dir passieren kann. „Soll ich gleich hinausfahren?" fragte ich mich in diesem Moment, aber dann fuhr ich voller Ärger doch hinunter. Aus lauter Zorn holte ich im untersten Teil sogar noch eine tolle Zeit, doch die Gesamtzeit war zum Vergessen. Da änderte auch der zweite Durchgang nichts mehr.

So hatte ich mir Olympia nicht vorgestellt. Am Abend wollte ich aus lauter Frust gar nicht mehr vom Fahrrad, soviele Kilometer wie in den zehn Tagen von Hakuba war ich, glaube ich, in solch einem Zeitraum noch nie gefahren. Das Wetter war schlecht, die Kombinationschance dahin, und das tägliche Warten auf die Abfahrt ging einem auch schön langsam an die Substanz. Das Gefühl, daß das Wetter einem möglichen Zufallssieger entgegenkommt, zerrte zusätzlich an den Nerven. Man überlegt, ob man eine frühe oder eine späte Startnummer wählen soll, beschäftigt sich mit den Analysen und den Zeittabellen, und im Rennen ist doch alles ganz anders. Eine Wolke, eine Verschiebung, plötzlich kommt Wind, und die Nummer, von der alle dachten, daß sie ein Vorteil sei, ist just in diesem Moment der größte Nachteil und bringt dich um alle Chancen. Zum ersten Mal habe ich mich auf den Moment gefreut, an dem ich aus Hakuba wegkomme. Aber das sollte noch eine ganze Woche dauern.

Zum Glück war da aber schon ein kleiner Teil meines Fanklubs aus Flachau mit meinem Bruder Alexander und meiner Freundin Petra in Japan. Das war einfach eine Entspannung und Abwechslung, die zu sehen. Ansonsten wurden ja die Tage ziemlich langweilig und eintönig. Training, Besichtigung, Warten auf die Absage oder Verschiebung, zurück ins Hotel, Mittagessen, danach ein bißchen Laufen oder Radfahren, am Abend Videostudium der Strecke und der Läufer, das war es auch schon. Ich bekam zudem von Dr. Lotz Tape-Verbände für meine Schienbeine und von Prim. Toni Wicker Langwellenbehandlungen, ebenfalls um meine Schienbeine ruhigzustellen und die Entzündung unter Kontrolle zu halten. Das hatten wir mittlerweile gut in den Griff bekommen, in Garmisch-Partenkirchen hatte ich überhaupt nichts mehr gespürt. Aber der Russi-Sprung, bei dem ich im Training stets zu weit gesprungen war, der hatte das Ganze wieder akut gemacht. Aber weit mehr noch zerrte das Warten an meinen Nerven und meiner Laune.

Freitag, der 13. Februar

Endlich der Tag des Rennens: Wir waren mit den Nummern zwei, vier und fünf perfekt verteilt. Das erste, was mir an diesem Tag auffiel, war der extreme Rückenwind. Am Start bemerkte ich das noch gar nicht so, erst beim Besichtigen. Ich fuhr im oberen Teil ein kurzes Stück ziemlich direkt, und da war es absolut leise neben dem Helm. Für gewöhnlich hörst du den Fahrtwind pfeifen und andere Geräusche, aber diesmal war es unglaublich ruhig.

Leider standen beim Besichtigen viel zu viele Leute auf der Piste herum. Da wurde zum Teil sogar noch gearbeitet, und es herrschte eine unglaubliche Hektik. Es war jedenfalls nicht möglich, sich die Strecke in Ruhe anzusehen, wie ich es gerne gemacht hätte. Bei der S-Kurve vor dem Alpen-Jump hatte ich das Gefühl, daß ein Tor um vier, fünf Meter versetzt war – und zwar nach oben, sodaß sich die Linie beim Anfahren geändert hätte.

Aus meiner heutigen Sicht weiß ich, daß ein zusätzliches Training unbedingt notwendig gewesen wäre. Der letzte Trainingslauf hatte am Samstag stattgefunden, der Renntag war inzwischen der Freitag. Sechs Tage waren vergangen, in denen sich die Bedingungen wesentlich geändert hatten.

Und es begann wieder mit einer Verschiebung. Der Alpen-Jump mußte um 35 Zentimeter abgetragen werden, weil wir dort zu schnell ankamen. All das waren Anzeichen dafür, wie schnell es heute sein würde, das hätte mich schon stutzig machen sollen. Anfänglich wurde auch noch über eine Verlegung des Starts spekuliert, man wollte diesen wegen des starken Windes etwas nach unten versetzen. Dann ging alles ganz schnell. Die Vorläufer wurden hinuntergeschickt, und schon war die Nummer eins auch auf der

Strecke. Ich sah sie vom Start wegfahren, und wieder fiel mir auf, um wieviel schneller die Bedingungen heute waren. Nur: Wie soll man eine Abfahrt einschätzen, die man zuletzt vor sechs Tagen im Renntempo gefahren ist? Ich wollte einfach meine Linie fahren und nichts anderes. Ich höre nicht auf Ratschläge fünf Minuten vor dem Start, ich suche mir im Training eine Linie und fahre die dann auch im Rennen.

So wußte ich in diesem Moment auch nicht, was Millionen vor dem TV-Schirm gesehen haben: Fritz Strobl kam viel zu schnell in die S-Kurve vor dem Alpen-Jump und konnte nur mit Mühe einen Sturz verhindern. Ich wurde danach oft gefragt, ob ich meine Linie verändert hätte, wenn ich das gewußt hätte. Vielleicht wäre ich nicht ganz so aggressiv gefahren, aber letztlich: Was sollst du unmittelbar vorher am Start noch ändern?

Mit der Nummer drei kam Jean-Luc Cretier.

Mit vier war ich dran.

Mit fünf Andreas Schifferer.

Ich wußte, daß dies mein Tag werden würde. Zudem hatte ich genau den Ski für diese Bedingungen. Wir sprachen vorher und nachher nicht viel über diesen Ski, aber es war ein gut gehüteter Schatz aus dem Atomic-Fundus. Ein alter Ski, mit dem noch der Markus Wasmeier gefahren ist. Kaum ein Ski hat soviel gewonnen wie dieses Modell. Es gibt Skier, die bei bestimmten Bedingungen unglaublich gehen. Kein Mensch weiß wieso, selbst wenn man die gleichen Materialien im Nachbau wiederverwendet, kann man keinen zweiten solchen Ski bauen. Die meisten Firmen haben solche Ski in ihren Beständen, die sie für besondere Zwecke hervorholen. Im Training war der Werner Franz damit gefahren. Wir wollten, daß er sich damit qualifiziert, und er war auch unglaublich schnell. Nur hatte er im zweiten Training leider einen ganz schweren Fehler. Beinahe wäre es sich dennoch ausgegangen, doch nun war er nur Zuseher. Der Schnee war eher feucht, da lief dieses Material wie von alleine. Allerdings war es, wie gesagt, schon ein älteres Modell, es hatte ein ganz andere Taillierung. Der Ski war nämlich nicht so stark tailliert, und das bedeutete: Er griff nicht so schnell wie etwa ein Renn-Carver.

Im Training hatte ich mich oben nie abgestoßen vom Starthaus, nun katapultierte ich mich, so hart es ging, vom Start weg. Ich schob noch ein

Freitag, der 13. Februar

paarmal an, dann ging ich in die Hocke, und nach wenigen Metern spürte ich bereits, wie schnell dieser Ski wird. Meist kommt man sich bei wichtigen Rennen ja nie wirklich schnell vor, oder es könnte immer noch eine Spur schneller gehen, doch diesmal war es anders. Der Ski flog förmlich.

Der erste Sprung über die Blumen gelang ideal. „So gut bist du im Training nie gesprungen", dachte ich und ging sofort wieder in die Hocke, obwohl du an der Stelle auch aufrecht schnell genug bist. Ich blieb aber extra in der Hocke, ich wollte den Ski auf keinen Fall bremsen. Mir wurde für einen Augenblick klar, daß ich nur den Ski ins Ziel bringen müßte, das würde an diesem Tag leicht reichen.

Im nächsten Moment bemerkte ich, daß ich sehr weit hinunterkomme und daß ich für den kommenden Übergang daher mehr Schräglage nehmen mußte. Jetzt merkte ich auch, daß der Ski weniger Taillierung hatte und später griff. Mein letzter Versuch war, noch mit dem Außenski zu korrigieren, doch der rutschte mir weg. So streckte sich das Knie durch, und was jetzt folgte, war wie eine Bewegung auf einem Trampolin: Erst nahm ich Tempo auf, dann kam ich zum Absprung, und schließlich hob ich einfach ab.

In diesem Moment war ich aber noch keineswegs beunruhigt. An der Stelle der Strecke hatte ich im Training nie Probleme gehabt, und ich dachte komischerweise auch jetzt nicht, daß ich da Probleme kriegen könnte. Ich blieb mit dem Oberkörper relativ weit unten und versuchte intuitiv, die Bewegung der folgenden Linkskurve mitzumachen, weil mir klar war, daß ich das folgende Tor noch erwischen würde.

Aber aus einem für mich in diesem Augenblick nicht nachvollziehbaren Grund blieb ich in der Luft. Ich segelte weiter, und selbst jetzt dachte ich weniger an Sturz als an das nächste Tor. „Das gibt es nicht", schoß es mir durch den Kopf, „jetzt fliegt du am Tor vorbei." In meiner Gedankenwelt war kein Platz für einen Sturz oder ähnliches. Wahrscheinlich war ich deshalb so entsetzt, daß ich jetzt das Richtungstor verpassen würde.

Im Endeffekt flog ich dann nicht nur am Tor vorbei. Ich wollte noch die Ski nach vorne drücken, aber bei diesem Tempo entwickeln die langen Latten einen solchen Luftwiderstand, daß das ein hoffnungsloses Unterfangen blieb. Ich dachte für einen Bruchteil an Chamonix und die Befestigung der Netze. Nur jetzt nicht gegen die Befestigung fliegen, nur nicht mit dem Kopf zuerst aufschlagen.

Die zwei Netzhindernisse hatte ich recht locker genommen, und im Tiefschnee dahinter baute sich dann die Energie viel schneller ab. Ich steckte wie ein Frosch im Schnee und wollte am liebsten nicht mehr aufstehen. Eigentlich wollte ich nur verschnaufen, dann in mein Hotelzimmer fahren und am besten niemanden sehen. Angst hatte ich nur vor dem Aufstehen. Ich war mir sicher, daß ich mir irgendetwas gebrochen hatte, daß jetzt das Schlüsselbein durch den Rennanzug nach außen stehen würde – ich wollte es am besten gar nicht wissen, und ich wollte es noch weniger sehen.

Die ersten Personen, die ich wahrnahm, waren der Toni Wicker und ein amerikanischer Fotograf. Der Toni, unser Teamarzt und Primarius aus Salzburg, kam mit einem hochroten Kopf zu mir durch den Tiefschnee gestapft, er brachte noch weniger heraus als ich, denn er war noch mehr geschockt. Dahinter kam ein Ami ein paar Schritte auf mich zu, zeigte mit dem Daumen nach oben und rief: „Nice picture!" Das war Carl Yarborough von *Sports Illustrated*, der als einziger Fotograf an dieser Stelle stand und folglich auch die spektakulärsten Bilder von dem Sturz hatte.

Langsam kehrte wieder Leben in das Funkgerät ein, zunächst wollten alle wissen, ob ich in Ordnung sei. Dann wurden wir aufgefordert, doch ein bißchen schneller aus dem Tiefschnee herauszukommen, denn das Rennen müßte sonst zu lange unterbrochen werden. Der Toni ist zum Glück mit dem Funksprechgerät voraneweg marschiert, sonst hätte ich auf diese idiotische Bemerkung was Kräftiges in den Funk gesagt. Trotz alledem war es mir unklar, wie ich an der Stelle überhaupt hatte ausscheiden können.

Der Kampf gegen die Zeit

Das erste Gefühl nach dem Sturz bestand aus reiner Verwunderung. Mir schien es unbegreiflich, wie ich hier so einen Abflug hinlegen konnte. Nachdem ich aus dem Tiefschnee zurück auf die Piste geklettert war, setzte ich mich noch einmal oberhalb jener Passage nieder und sah mir von dort aus die nächsten Läufer an. Unmittelbar nach mir war der Andi Schifferer mit Nummer fünf gestartet. Der war im Training schon eine ähnliche Linie gefahren wie ich, nun war er von meinem Sturz sichtlich verunsichert. Als er an mir vorbeifuhr, wußte ich, daß es leider nichts wird für ihn. Nach fünf Läufern war die Olympia-Abfahrt für uns fast schon gelaufen, nur der Hannes Trinkl stand noch oben am Start. Es war zum Heulen. Wir dominierten die ganze Saison, und jetzt das. Es gibt das geflügelte Wort von den eigenen Gesetzmäßigkeiten bei Großereignissen. Wahrscheinlich unterlagen wir jetzt genau diesem Gesetz, von dem keiner weiß, wer es macht und woraus es besteht.

Auf den Hannes Trinkl konnte ich nicht mehr warten, ich ging statt dessen mit Toni Wicker in das Bergrestaurant, denn er wollte mich genauer untersuchen. Ich konnte es immer noch nicht fassen. „Ich bin doch die ganze Saison nicht gestürzt", sagte ich zu ihm. Er war in der Zwischenzeit schon mit dem Aufbau eines provisorischen Krankenzimmers beschäftigt. Er schob einfach ein paar Tische im Restaurant zusammen und legte mich ganz selbstverständlich drauf. In dem Moment kamen die deutschen Rennläuferinnen von ihrem Training herein. Die waren richtig geschockt, wie ich da so auf dem Tisch lag.

Die erste Diagnose war erleichternd. Nichts sei gebrochen, nur das Knie etwas lädiert, aber vermutlich war auch das kein Bänderriß. Von den blauen Flecken wollten wir gar nicht erst reden. Das Rennen war noch in vollem Gang, da fuhren wir schon zurück ins Hotel. Wir fuhren gleich oben mit den Skiern weg, ich hatte wenig Lust, jetzt noch in das Ziel hinunter zu fahren.

Das Mysterium in der S-Kurve

Hermann Maiers berühmter Flug hat die Olympia-Abfahrt von Nagano unvergeßlich gemacht. Doch nicht nur Maier hatte hier seine Probleme: An dieser Stelle wurde die Abfahrt entschieden. Von den ersten 19 Läufern schieden hier gleich acht aus.

Maier kam mit blauen Flecken und einer Kapselverletzung im rechten Knie noch glimpflich davon, am schlimmsten erwischte es Luca Cattaneo, der sich einen Wadenbeinbruch und einen Achillessehnenriß zuzog. Aber was ist wirklich in dieser S-Kurve vor dem Alpen-Jump passiert?

Im Training gab es nie signifikante Probleme. Im Rennen jedoch war alles ganz anders. „Das Richtungstor bei der Einfahrt ist plötzlich anders gestanden", ist Hermann Maier noch heute überzeugt. „Es ist vier bis fünf Meter nach oben versetzt worden, das war ganz offensichtlich." Dem pflichtet auch der Olympiasieger Jean-Luc Cretier bei: „Richtig, das Tor wurde versetzt. Aber auf Antrag der Österreicher", behauptet der 31jährige Franzose. „Nein, das stimmt nicht", kontert einer, der es genau wissen muß: ÖSV-Herren-Cheftrainer Werner Margreiter. „Das Tor ist dort gestanden, wo es immer gestanden ist, auch im Training. Nur die Zufahrt darauf war dieses Mal viel schneller. Der Rückenwind hat die Passage völlig verändert. Mit dem Tempo hat niemand gerechnet."

Diese Aussage überzeugt jedoch seinen Schützling Fritz Strobl auch nicht so ganz: „Ich habe nach dem Rennen Sepp Messner gefragt, und der hat mir bestätigt, daß das Tor versetzt worden sei", meinte Fritz Strobl, der in dieser Kurve mit aller Kraft einen Sturz verhindern konnte, aber letztlich hier auch alle Chancen auf eine Olympia-Medaille vergeben hat. Sepp Messner ist übrigens Sicherheitsbeauftragter des Internationalen Ski-Verbandes FIS.

Hermann Maier glaubt nach wie vor, daß seine Linie die richtige gewesen ist. „Das habe ich hinterher auch im Video gesehen. Aber weil das Tor anders gesetzt war, mußte ich in

> einem anderen Winkel einfahren, und das ist sich nicht ausgegangen." Die Frage, ob das Tor nun genau an der Stelle stand, an der es sich auch im Training befunden hatte, wird sich nie beantworten lassen. Faktum bleibt allerdings, daß das letzte Abfahrtstraining am Samstag, den 7. Februar stattgefunden hatte und die Abfahrt am Freitag, den 13. Februar. In diesen sechs Tagen haben Schnee, Regen und vor allem der starke Wind die Streckenbedingungen ganz entscheidend beeinflußt. So wäre vom Reglement her die Durchführung eines weiteren Trainings nicht nur gerechtfertigt, sondern notwendig gewesen. Doch die Angst vor weiteren Wetterunbillen und der allgemeine Druck, die Abfahrt endlich durchzuführen, verhinderten das.
>
> Und was sagt Werner Margreiter mit etwas zeitlichem Abstand zu dieser Schlüsselstelle? „Man kann den Burschen keinen Vorwurf machen. Sie waren toll in Form und wollten die Strecke förmlich zerreißen. Man kann einen Läufer, der gut in Form ist, nicht einfach stoppen." Renndirektor Günther Hujara hat seine ganz eigenen Erinnerungen an die dramatischen Momente an dieser Stelle: „Als Hermann Maier auf die Kurve zugefahren ist, habe ich gewußt, daß sich das nicht ausgehen kann. Ich habe intuitiv ‚Race Stopped!' in mein Funksprechgerät gebrüllt. Im nächsten Augenblick hob er auch schon ab."

Da begann erst der eigentliche Kampf gegen die Zeit. „Die Kombi-Abfahrt fahre ich jetzt einmal sicher nicht", sagte ich im Hotel gleich zu Toni Wicker. „Oder vielleicht doch?" – Aber das war wohl eher eine Art von Galgenhumor.

Durch die vielen Verschiebungen gab es jetzt einen sehr engen Zeitplan. Ausgerechnet dieser Freitag, der 13. sollte für längere Zeit der sonnigste Tag in Hakuba bleiben. Aus diesem Grund fand erst die Abfahrt und dann im Anschluß gleich die Kombinationsabfahrt statt. Für das bevorstehende Wochenende war schon wieder Schlechtwetter prognostiziert. Diesmal war das Schlechtwetter aber nicht ein ärgerliches Hindernis, sondern mein Verbündeter. Der Wetterbericht sollte in den nächsten Stunden für meine Entscheidung immer wichtiger werden.

Die Petra, die mittlerweile schon in Hakuba war, und der Toni Wicker machten mir alle zehn Minuten einen neuen Umschlag, damit die Schwellungen nicht noch stärker werden. Langsam begriff ich erst, daß ich die Chance auf Gold vergeben hatte. In dem Maße, in dem ich das wahrnahm, wurden auch die Schmerzen stärker. Ich wollte vorerst niemanden sehen und mit niemandem darüber reden.

Um halb vier kam der Hans Pum ins Zimmer, denn jetzt begann die Zeit wirklich eng zu werden. Um vier mußte Werner Margreiter bei der Mannschaftsführersitzung die Meldung über die vier Läufer abgeben. Im Klartext: Ich hatte eine halbe Stunde Zeit zu entscheiden, ob ich fit war oder nicht. Ein nachträglicher Wechsel der Fahrer war nicht möglich. Wenn ich für den Super G gemeldet wurde, dann mußte ich fahren, oder der ÖSV würde auf einen Startplatz verzichten. Natürlich kommen in so einem Moment Zweifel auf, aber letztlich hatte ich ein für mich schlüssiges und nicht widerlegbares Argument: Ich hatte alle vier Super-G-Läufe der Saison gewonnen, alleine daher verdiente ich die Chance.

Das erste, wonach ich den Hans in der Situation fragte, war zum x-tenmal der Wetterbericht. Der war ziemlich schlecht, und das war diesmal erfreulich. Die Wettervorhersagen in Nagano waren schlicht und einfach unglaublich.

Es gab nur einen Wetterbericht für die nächsten drei Tage, darüber hinaus wollten sie nicht einmal eine Tendenz bekanntgeben. Aber die drei Tage stimmten fast auf die Minute genau. In den Wetterprognosen hieß es nicht etwa: „Am Vormittag Eintrübung, am Nachmittag Regen", der Wetterbericht war geradezu detailliert: „Ab acht Uhr 30 leichter Schneefall, bis zehn Uhr zehn Zentimeter Niederschlagsmenge", hieß es da. Und danach konnte man die Uhr stellen. Der Schneefall verzögerte sich maximal um zehn Minuten, die Niederschlagsmenge paßte auf den Zentimeter genau.

Lediglich beim ersten Versuch, die Herren-Abfahrt durchzuführen, war das etwas anders: Ab zwölf Uhr sollte da das Schlechtwetter kommen, aber leider kam es schon 90 Minuten vorher. Aber auch diesmal war der weitere Wetterbericht schlecht, lediglich Samstag vormittag gab es eine kleine Chance auf ein Rennen. Danach waren Regen, Nebel und Schneefall für das ganze Wochenende angesagt. Mir machte diese Prognose diesmal allerdings

Mut. In dieser Situation war ich mir erstmals wieder sicher, daß ich den Super G fahren würde.

Eine andere Schwierigkeit war die Tatsache, daß drei Ärzte in meine Behandlung involviert waren: Prim. Wulf Glötzer, Dr. Andreas Lotz und Prim. Toni Wicker. Ich habe zu allen drei großes Vertrauen, und ich fühlte mich auch von allen sehr gut betreut. Aber letztlich sind das drei unterschiedliche Meinungen von drei großen Spezialisten. Die bringen ihre Erfahrung ein, der eine ist vorsichtiger und rät zu einer längeren Pause, für den anderen bist du schon früher fit. Dann beginnen die Zweifel, weil du ja allen drei vertraust.

Der Kampf gegen die Zeit begann an diesem Freitag, den 13. auch für Cheftrainer Werner Margreiter, Alpin-Sportwart Hans Pum und den behandelnden Arzt Toni Wicker. Fünf Minuten vor vier fiel die Entscheidung über Maiers Start. Margreiter legte die Verantwortung in Maiers Hände: „Er muß es selbst wissen, ob er fahren kann. Er hat heuer alle Super-G-Läufe bis zu den Olympischen Spielen gewonnen, er ist unser Favorit. Daher ist es nur fair, wenn wir ihm diese Chance geben." Allerdings wußte Margreiter selbst um die Schwierigkeit bei dieser Entscheidung. Mit Josef Strobl wartete ein Läufer, der in diesem Winter auch schon ein Weltcup-Rennen gewonnen hatte, auf seine Chance. Sollte Maier doch verzichten müssen, dann kann Österreich nur mit drei Läufern antreten, weil Strobl nicht mehr nachgemeldet werden kann.

„Dieses Risiko war überschaubar, weil wir den Wetterbericht kannten. Die Chancen auf weitere Verschiebungen waren groß, so konnten wir uns auf das kleine Wagnis doch einlassen." Margreiter selbst überbrachte die Nachricht im Laufschritt. Bis zuletzt hatte man im Quartier der Österreicher noch über ein Antreten spekuliert, dann lief Margreiter im strömenden Regen zur Sitzung.

Toni Wicker erinnert sich an weitaus dramatischere Momente: „Nach dem Sturz am Freitag sah es verhältnismäßig gut aus. Mit ‚gut' meine ich die Relation zu seinem Sturz. Denn viele andere hätten sich hier ernsthaft verletzt. Den Hermann hat seine ungewöhnlich ausgeprägte Muskulatur bei diesem Sturz vor ganz ernsten Konsequenzen bewahrt. Am Freitag nachmittag fühlte er sich schon ganz gut, nur die ganzen Prellungen und Blutergüsse wurden großteils erst am Samstag spürbar. Als ich ihn am Samstag früh noch einmal untersuchte, war es klar, daß er nicht starten konnte. An diesem Samstag hätte ich ihm aus ärztlicher Sicht Startverbot geben müssen. Am Sonntag wären die Chancen 50 zu 50 gestanden, doch am Montag konnte er erstmals wieder so fahren, wie es seinem Stil entspricht."

An die Ungewißheit eines möglichen Starts erinnert sich auch Toni Giger: „Wir haben auf dem Berg unseren Kampf gekämpft", meint der ÖSV-Coach rückblickend. „Wir waren in der Früh schon mit Hujara am Berg, und keiner ließ ihn aus den Augen. Es war stets einer von uns dabei, damit er nicht auf die Idee kommt, daß er doch das Rennen startet. Den Samstag und den Sonntag mußten wir ohne Rennen hinüberbringen, das war uns klar – und es ist auch gelungen."

Die Redewendung, wonach Erfolg und Mißerfolg so nahe beieinander liegen, wurde in dieser Nacht auch räumlich dokumentiert. Während Hermann Maier im „Weißen Hof" seine Blessuren auskurierte, feierte die Salomon-Crew im Hotel auf der Rückseite den Olympiasieg von Jean-Luc Cretier – landesbewußt mit Champagner, Bordeaux und französischen Weißweinen. Auf den Fernsehern, die oberhalb der Bar hingen, liefen nonstop die Aufzeichnungen der Fahrten der ersten Fünfzehn. Alle 30 Minuten kamen Maiers Sturz und Cretiers Siegesfahrt. Und auch nach dem zehnten Mal konnte sich Cretier nur wundern: „So einen Sturz wie von Hermann habe ich noch nie gesehen."

Es war eine schwierige Entscheidung, vor allem menschlich. Ich wußte genau, daß ich mit meiner Entscheidung für einen Start nun den vierten Platz definitiv blockierte. Wenn ich Samstag oder Sonntag nicht hätte fahren können, dann wäre der Platz verloren gewesen. Ein Wechsel der Aufstellung war nicht mehr möglich. Ich wußte, daß sich der Pepi Strobl in der Situation auch recht schlecht gefühlt haben muß. Er hatte schon lange auf seine Olympia-Chance gewartet, doch die kam nicht. Plötzlich sah er wieder eine Chance, und dann war er wieder nur Ersatz. Und der Pepi war immerhin ein Läufer, der in diesem Winter schon ein Rennen gewonnen hatte.

Doch ich hatte in meinen Augen einfach den moralischen Anspruch auf diesen Platz: Ich hatte schließlich alle Super-G-Läufe in diesem Winter gewonnen und war der logische Favorit. Also steht mir dieser Platz zu, egal was sonst auch passiert. Solange ich an die Chance glauben konnte, fand ich es richtig, daß ich nominiert wurde.

Freitag abend begann dann ein bißchen Theater. Der ÖSV berief eine internationale Pressekonferenz ein, denn ich wollte den Leuten zeigen, daß ich noch da war, daß ich noch immer ein Teil von Olympia war. Bei der Pressekonferenz mußte ich mir aber äußerste Mühe geben. Ich ging aufrecht und ohne zu hinken und humpeln in den Saal, oder besser gesagt: Ich ging, so gut es ging. Ich wollte einfach der Konkurrenz zeigen, daß mit mir noch zu rechnen war. Danach ging ich zum Abendessen. Ich bemühte mich um den Eindruck, als sei das ein ganz normaler Tag im langen Weltcup-Winter. Ich wollte weder jammern noch klagen noch humpeln, immerhin hatte ich mich ja zwei Stunden zuvor zu einem Antreten beim Super-G-Lauf entschieden. Und im schlimmsten Fall stand mir das schon am nächsten Tag bevor.

Daß ich in der Nacht auf diesen Samstag mit der Ungewißheit, ob am nächsten Tag der Super G stattfindet oder nicht, gut geschlafen hätte, kann ich nicht behaupten. Langsam machten sich alle Prellungen, Blessuren und blauen Flecken an meinen Körper bemerkbar. Zwar vertrauten wir alle dem Wetterbericht, doch eine gewisse Unsicherheit, eine Art Restrisiko, war noch da.

In der Früh wurde ich mit verschiedenen Schmerzen munter, jetzt erst bemerkte ich, was mir alles weh tat. Mein einziger Gedanke war: Hoffentlich ist heute kein Rennen. Recht frühzeitig kam der Toni Wicker wieder auf das Zimmer, untersuchte mich neuerlich und sagte: „Du kannst unmöglich starten." Ich konnte kaum aufstehen, konnte mich kaum bewegen – und vor allem: Ich konnte mein Knie nicht abbiegen.

Draußen herrschte keineswegs so schlechtes Wetter, wie prognostiziert worden war. Es schneite nicht, es regnete nicht, der Wind hielt sich in Grenzen, und der Nebel war auch noch nicht zu sehen. Es gab sogar die kleine Chance, daß es doch noch komplett aufreißt und sonnig wird. „Wenn sich der Wetterbericht einmal irrt, dann bitte nicht heute", war mein Gedanke, während ich mich ungelenk ankleidete. Beim Frühstück war es noch dunkel, es dämmerte erst langsam.

Normal hoffst du in so einem Moment immer, daß das Rennen stattfindet, aber heute war es ganz anders. Ich wartete nur darauf, daß einer vom beginnenden Schneefall oder Regen erzählt. Doch der kam anfangs noch nicht. Ganz im Gegenteil, das Wetter besserte sich sogar kurzfristig.

Bevor ich mit dem Team aus dem Hotel ging, punktierte mich Dr. Lotz noch, weil ich mein Knie fast gar nicht bewegen konnte. Ich quälte mich in den Rennanzug und fuhr nach oben. Ich wollte denen die Botschaft übermitteln: „Seht her, da bin ich, ich bin bereit."

Im letzten Moment kam ich noch zur Streckenbesichtigung, aber das war egal, ich wollte an diesem Tag einfach nur anwesend sein. Mit Vergnügen nahm ich jetzt das Wetter wahr: starker Nebel ab der Mittelstation, dazu beginnender Regen. Das beruhigte mich an diesem Tag.

Ich war noch sehr wackelig auf den Beinen. Dennoch versuchte ich, beim Einfahrlauf mitzuhalten. Ich fuhr einmal durch die Tore. Das überraschte mich – es ging wirklich gut, weit besser, als ich vermutet hätte. Dann war auch schon die vorhergesagte Schlechtwetterfront da, noch dazu weitaus massiver als erwartet. Im obersten Streckenabschnitt schneite es, ab dem Mittelteil regnete es in Strömen. Da war es auch schon klar, daß heute nichts mehr passieren würde. Wenn der starke Regen anhält, dann geht auch am Sonntag nichts, dann ist die Strecke durchgebrochen. Diesmal hatte sogar das Warten ein frühes Ende: Die Niederschläge nahmen eine solche Dimension an, daß eine Blitzschlagwarnung einging. Die japanischen Pistenarbeiter warfen ihre Schaufeln weg und rasten zu Tal. Für einen Moment blieb noch der Günther Hujara auf dem Berg zurück. „So hat alles keinen Sinn mehr", murmelte er. Ich hatte Zeit gewonnen, doch für ihn wurde alles verdammt knapp: Bis Dienstag hatte er noch Zeit, dann war das Programm von Hakuba beendet, dann gingen die Bewerbe in Shiga Kogen weiter. Die FIS hätte es auf eine Machtprobe ankommen lassen, die wollten bis Dienstag aus Hakuba verschwunden sein. Bis Dienstag waren es noch drei Tage.

Die ungewöhnlich frühe Absage aufgrund der Blitzschlaggefahr brachte mich in eine unverhofft positive Situation. Statt auf dem Berg zu warten,

Nagano 98

No.17 長野オリンピック公式新聞

20.02.98
98年2月20日

THE XVIII OLYMPIC WINTER GAMES, NAGANO 1998 OFFICIAL NEWSPAPER
JOURNAL OFFICIEL DES XVIIIèmes JEUX OLYMPIQUES D'HIVER, NAGANO 1998

Par la grande porte
— L'Autrichien Hermann Maier

"モンスター"圧勝
— 男子大回転H.マイヤー

The Hermannator
— Hermann Maier (AUT)

Français – 12, 13, 17-24 | 日本語 – 9-16, 24 | English – 2-8, 12, 13, 17, 18, 24

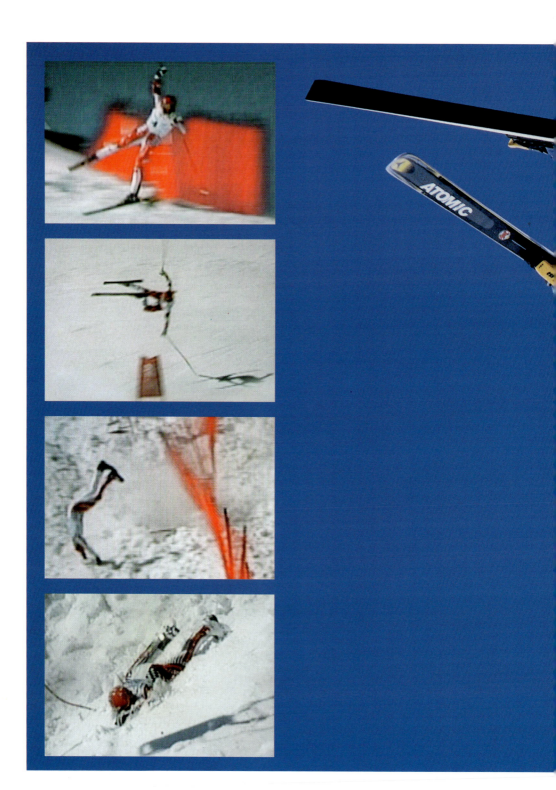

Fixpunkt abseits der Piste: Training im Sportzentrum Obertauern

Vorhergehende Doppelseite:
Hakuba, 13. Februar 1998 – ein Sturz macht Geschichte

Hermann mit seinem Zimmerpartner Andreas Schifferer

Der Draufgänger beim Kreieren einer neuen Sportart

hatte ich nun diesen Samstag für mich und meine Regeneration. Mit Dr. Wulf Glötzer beschlossen wir kurzfristig, nach Nagano in das dortige Krankenhaus zu fahren. Dort nahmen wir eine Computertomographie des verletzten Knies vor.

Bis dahin war mir unklar, was an meinem Knie wirklich verletzt war. Oft versucht man trotz einer leichten Blessur einen Start und verletzt sich dann erst richtig. Ich wollte vor allem wissen, ob ein weiterer Schlag eine Bänderverletzung auslösen hätte können. Das Ergebnis der Computertomographie überzeugte mich aber: Das Knie war soweit in Ordnung, eine weitere Folgeverletzung war auszuschließen. Ich konnte normal fahren, und ich konnte vor allem wieder voll riskieren.

Als wir aus der Klinik kamen, war meine Laune schon wieder bestens, und sie sollte sich noch weiter verbessern. Von der Klinik ging es in das Österreich-Haus in Nagano, das mitten im historischen Tempelbezirk von Nagano in einer 375 Jahre alten Sake-Brauerei liegt. Jetzt bekam ich auch mit, daß ich in Japan war, denn bis dahin hatten mich nur der weiche Schnee und die Verschiebungen daran erinnert, daß wir nicht in Europa oder den USA waren. Du siehst nur das Hotel und die Rennstrecke, und das Personal im „Weißen Hof" unternahm alle Anstrengungen, damit wir uns wie in Europa fühlen. Trotzdem verzichtete ich an diesem Abend auf Sushi, statt dessen gab es im Österreich-Haus gefüllte Laibchen mit Kartoffelpüree.

Am Tag darauf stand ein halbherziger Rennversuch bevor. Wir wußten genau, daß der Wetterbericht katastrophal war, der viele Regen hatte die Strecke ziemlich mitgenommen. Sie mußte neu präpariert werden, ein Start wäre eine Überraschung gewesen. Am Morgen wurde ich aber neuerlich von Dr. Lotz punktiert. Der Toni, der in solchen Dingen sehr vorsichtig ist, sagte hinterher: „Heute geht es schon hundertprozentig besser, aber du bist noch nicht ganz fit. Hoffentlich ist heute kein Rennen."

Das Wetter war wie vorhergesagt: schlecht und stürmisch mit Nebel ab dem Mittelteil. Langsam kamen die Veranstalter in Zeitnot. Für mich hingegen verlief der Tag bestens: Ich konnte bereits wieder auf meinem Fahrrad fahren.

Die goldenen Tage von Nagano

Mit der neuerlichen Absage des Super-G-Bewerbes kamen die Veranstalter bei den Olympischen Spielen in echte Zeitnot. Die Alpin-Bewerbe waren geteilt: Die „schnellen" Bewerbe wie Abfahrt, Super G und Kombinationsabfahrt fanden in Hakuba statt, die technischen Bewerbe (Riesentorlauf, Slalom) in Shiga Kogen, das rund zweieinhalb Autostunden entfernt lag. Die ersten zehn Tage des Programmes waren für Hakuba reserviert, danach mußte der Troß nach Shiga Kogen übersiedeln. Bis zu diesem Zeitpunkt war das Gesprächsklima zwischen dem Internationalen Ski-Verband FIS und dem nationalen Olympischen Komitee bereits auf ein Minimum abgekühlt. Der teilweise schon groteske Streit um den Startpunkt der Herrenabfahrt hatte beide Parteien über Monate hinweg mitgenommen. Es war eine Machtprobe um wenige Meter zwischen Ski-Verband und dem Veranstalter entstanden. Mit der Drohung, die Olympia-Abfahrt in Südkorea durchzuführen, erzwang die FIS zwar einen Kompromiß, doch von da an war das Klima stark unterkühlt. Der damalige FIS-Generalsekretär Gianfranco Kasper, der danach zum FIS-Präsidenten aufgestiegen ist, reagierte auf die Situation mit beißender Ironie: „Ich mag Wasserski" – so kommentierte er die zahlreichen Verschiebungen. Bis zum 15. Februar hätten sieben der insgesamt zwölf Alpinbewerbe absolviert sein sollen. Tatsächlich konnten bis dahin aber nur vier Bewerbe durchgeführt werden, und kein einziger davon zum vorgesehenen Zeitpunkt. Mit dem insgesamt fünften Tag ohne Alpinrennen übertraf Hakuba sogar den Negativrekord von Morioka, wo zunächst vier Tage lang kein Rennen durchgeführt werden konnte. Die FIS blieb in dieser Situation hart: Was bis 17. Februar nicht in Hakuba gefahren wird, entfällt oder muß in Shiga Kogen nachgetragen werden. Diese Situation rief zahlreiche Kritiker auf den Plan: „Das einzige, was in Japan stimmt, ist der Wetterbericht", meinte Katja Seizinger ätzend. Und ihr Trainer Wolfgang Maier setzte nach: „Noch einmal möchte ich einen Bewerb von der Wichtigkeit wie diese Olympischen Spiele nicht in einem Land wie Japan ausgetragen wissen."

Der Kampf gegen die Zeit

Nach diesem Wochenende mit den beiden Verschiebungen hatte ich einigermaßen das Gefühl, wieder der Alte zu sein. Ich mußte nicht mehr punktiert werden, das Knie war fast schon wieder voll belastbar, und ich hatte auch die Gewißheit, daß ich mit der zur Verfügung stehenden Zeit aus diesem Wochenende das beste gemacht hatte, während der Rest nur auf das Rennen wartete. Vor dem Super G am Montag kam wieder der Toni Wicker zu mir, doch die Untersuchung konnte diesmal entfallen. „Du bist okay, zeig, daß du der Alte bist." Das hat mich aufgebaut, denn der Toni sagt so etwas nicht einfach so.

An diesem Tag fuhr ich nur einmal zwischen den Toren ein, statt dessen besichtigte ich die Strecke ganz genau. Ich ließ mir noch mehr Zeit als sonst, wenn das überhaupt noch geht. Und ich hatte eine gute Nummer gezogen, nämlich die Acht. Damit bekommst du etwas von der Strecke mit, denn du siehst die ersten Läufer im obersten Teil fahren. Das kann durchaus aufschlußreich sein, wie die Abfahrt gezeigt hat.

Diesmal wollte ich alles besser machen als bei der Abfahrt. Du kannst ein Rennen auch gewinnen, wenn du nicht hundert Prozent gibst, du kannst es sogar gewinnen, wenn du eher die vorsichtige Linie wählst. Das hat Cretier am Freitag eindrucksvoll vorgemacht. Wenn man nur seine Fahrt isoliert sieht, dann kann man sich schon wundern, daß er Olympia-Gold gewonnen hat.

Mir war so eine Fahrweise bis dahin unbekannt. Alles was ich kannte, waren hundert Prozent Risiko und Tempo. Ein Rennen, bei dem du nicht am Limit bist, kannst du nicht gewinnen. Wenn du dich nicht am Limit bewegst, dann hast du nicht alles gegeben. Das war mein Verständnis vom Skifahren. Cretier dagegen schlich wie eine Katze um die Kurve und holte Gold. Das war mir eine Lehre.

Die Strecke war sehr unruhig, das hatte ich schon beim Besichtigen bemerkt. Hoffentlich bekomme ich das nicht am Knie zu spüren, war mein Gedanke, der mich auf dem Weg zurück zum Start begleitete. Die ersten Vorläufer waren losgefahren, dann wurde wieder unterbrochen. Es hingen noch Nebelfetzen in der Strecke, die sich erst langsam auflösten. Das war mir ganz recht. Allerdings konnten sie nicht lange warten, denn dieser Tag war der alpine Renntag schlechthin: zuerst der Herren-Super-G, dann die Damenabfahrt und am Ende noch die Damen-Kombinationsabfahrt.

So wurde gestartet, noch ehe die Sicht perfekt war. Beim Fahren bemerkte ich sehr bald, daß ich nicht so gut unterwegs war. Das hatte nichts mit der Sicht zu tun, aber ich war einfach nicht am Limit, und da fühle ich mich nicht gut. „Ein normales Rennen langt auch für eine Medaille", sagte ich mir, doch was ist ein normales Rennen, wenn du nur eine Fahrt am Limit kennst?

Im Rennen kam ich nie in Schwierigkeiten, aber das kann auch ein Zeichen dafür sein, daß du nicht schnell bist. Im Schlußabschnitt machte ich noch einmal Tempo, da wollte ich noch Zeit gutmachen. Es ging sich vorerst zur Bestzeit aus. Doch während des Rennens klarte es auf, und es wurde im oberen Abschnitt deutlich schneller. Das ist auch kein gutes Gefühl, denn du stehst im Ziel und kannst auch nicht mehr eingreifen. Aber du weißt, wer in der Saison schnell war und wer einen Spitzenplatz herausfahren kann. Das hat mich einigermaßen beruhigt.

Ich wartete mit den Siegerinterviews sehr lange zu, denn bei diesen Spielen war schon so viel passiert, daß ich das nicht auch noch mitmachen wollte. Gleichzeitig rechnete ich aber nicht mehr damit, daß mich noch einer abfangen könnte. So hatte ich auch einmal Zeit, diesen Erfolg ganz langsam für mich selbst zu genießen. Und auch mit meiner Fahrt wurde ich zusehends zufriedener: Du kannst auch gewinnen, wenn du nicht Kopf und Kragen riskierst – eine neue Erkenntnis.

Der Tag war wie eine Erlösung. Wir waren alle froh, daß wir aus Hakuba wegkamen. Der Ort war uns ziemlich auf die Nerven gegangen, denn alles war so klein und gedrängt, und die Verschiebungen hatten das übrige getan. Auch der Hannes Trinkl wird froh gewesen sein, daß er weggekommen ist. Er war schon aus dem Hotel ausgezogen und hatte schon die Flugtickets, nur konnte er nicht abreisen, denn durch die Verschiebungen der Bewerbe wurden auch die Medaillenzeremonien verschoben. Am Tag vor einem Rennen wollte man den Läufern den Stau von Hakuba nach Nagano und wieder zurück nicht mehr zumuten. So hatte Hannes Trinkl zwar kein Rennen mehr, doch er war immer noch ein Opfer des Schlechtwetters.

Der Kampf gegen die Zeit

Den nächsten Austragungsort kannte ich zumindest: Shiga Kogen war ein sehr großes und weitläufiges Skigebiet. Wir waren dabei weit weg vom Schuß, in einem ganz feinen Hotel, das jedoch schwierig zu erreichen und nur den Sportlern vorbehalten war. Wie in Hakuba waren auch in Shiga Kogen die Liftanlagen und fast alle Hotels im Besitz eines einzigen Mannes, der maßgeblichen Anteil daran hatte, daß die Olympischen Spiele nach Japan kamen – und wohl auch ausgiebig davon profitierte.

Auch wenn er abhob wie ein Geier

Nach dem Super G erlebte ich meine bis jetzt wahrscheinlich längste Pressekonferenz. Im Pressezentrum von Hakuba mußte ich vor allem den amerikanischen Journalisten immer und immer wieder die Geschichte vom Sturz und den letzten Tagen erzählen. Für die war es schlicht unglaublich, daß ich überhaupt noch einmal an den Start gegangen war. Ein US-Reporter verglich mich mit einem Panzer, das war schon merkwürdig. Je länger die Pressekonferenz dauerte, desto übersteigerter wurde deren Vorstellung. Am Schluß wollte einer noch wissen, ob ich Todesangst gehabt hätte, und sehr gut gefiel mir auch die Frage, ob ich derartige Stürze im Training übe, weil ich ganz unverletzt davongekommen bin.

Nein, das übe ich zum Glück nicht.

Die Abreise aus Hakuba spielte sich in einem Tempo ab, daß man an Flucht denken konnte. Der Zeitplan war wieder einmal viel zu eng, und wir mußten noch vor der Rush-hour in Nagano bei der Siegerehrung sein. Als wir wegfuhren, begann es wieder leicht zu schneien. Ein komischer Ort, dachte ich. Wir kamen natürlich fast zu spät nach Nagano und waren schon mitten im Stau, ehe uns eine Polizeieskorte in die Altstadt brachte, wo die Siegerehrung stattfand. Bis dahin ging alles ganz schnell, es lief wie im Film ab. Man hatte keine Minute Zeit, über irgendetwas nachzudenken oder sich zu freuen.

Das kam dafür umso stärker durch, als die Siegerehrung begann. Es war ein unbeschreiblich tolles Gefühl. Du stehst auf dem Siegespodest, hast die Goldmedaille um den Hals und hörst die österreichische Bundeshymne. Neben mir stand Hans Knauss, der Silber gewonnen hatte. Mir fehlten in dem Augenblick die Worte, aber da bedarf es keiner Worte mehr. In so einem Moment weißt du, warum du dir die ganze Schinderei antust, warum du das ganze Jahr trainierst und auf vieles verzichtest. Es war doch richtig, daß ich nie aufgegeben hatte. Ein schönere Belohnung als Olympia-Gold kann es nicht geben.

Nach der Ehrung spazierten wir zu Fuß zum Österreich-Haus. Das lag nicht einmal zehn Gehminuten vom Hauptplatz mit dem 1.400 Jahre alten Zenkoji-Tempel entfernt. Endlich konnte ich alles genießen, endlich bekam ich etwas von der Stimmung mit. Mir fielen die kleinen, meist hölzernen Altstadthäuser auf, die Schnitzereien und Tierfiguren. Vor zwei Tagen war ich auch hier gewesen, da war alles noch ganz anders gewesen. Da war ich von der Untersuchung meines Knies gekommen, voller Zweifel, wie diese Olympischen Spiele für mich wohl ausgehen würden. Jetzt war ich von allem befreit und erleichtert.

Vor dem gemütlichen Teil stand noch Arbeit an, wir waren noch bei der Aufzeichnung des Olympia-Studios im ORF. Das Studio war in einem Nebenraum des Österreich-Hauses eingerichtet. Danach begann die Feier mit einem fröhlichen Liedchen: „Wir sind stolz auf Hermann Maier, Halleluja / Auch wenn er abhob wie ein Geier, Halleluja!" sangen die Trainer und mein kleiner Fanklub. Die hatten natürlich schon entsprechend vorgefeiert, während ich noch die ganzen Termine abzuwickeln hatte.

Darüber kann man wahrscheinlich nur lachen, wenn man eine Medaille umgehängt hat. Ich konnte darüber lachen, von mir war der ganze Druck abgefallen. Die österreichischen Küchenchefs machten Rindsfilets und Szegediner-Gulasch, dazu gab es österreichisches Bier und Grünen Veltliner aus der Wachau. Olympia begann mir zu gefallen.

Sehr lange konnten wir in dieser Nacht nicht feiern, denn wir mußten ja noch nach Shiga Kogen. Die Reise nach Shiga war dann auch der pure Wahnsinn. Es hatte mittlerweile wie wild zu schneien begonnen. Beim Wegfahren scherzten wir noch, daß wir über unsere Medaillen froh sein könnten, weil jetzt ohnehin nichts mehr gehen würde in Hakuba. Da wußten wir aber noch nicht, wie es in Shiga Kogen aussah. Normalerweise fährt man eineinhalb Stunden von Nagano nach Shiga Kogen, in der Nacht vielleicht sogar etwas schneller, weil kein Verkehr ist. Wir waren über vier

Stunden unterwegs. Auf halber Strecke mußten wir Ketten anlegen, denn der Schneefall war mittlerweile in einen Schneesturm übergegangen. Zunächst witzelten wir noch über die nächsten Absagen, aber dann waren wir froh, daß wir überhaupt noch durchkamen. Ganz Shiga Kogen versank im Schnee.

Am nächsten Tag stand endlich wieder einmal ein Riesentorlauf-Training auf unserem Programm. Seit Adelboden war ich keinen Riesentorlauf mehr gefahren, und das lag bald einen Monat zurück. Unsere Trainer brachten trotz der Neuschneemassen ihr übliches Kunststück fertig und präparierten eine Strecke. Ich weiß nicht, wie sie das gemacht haben. Wir konnten genau einmal fahren, dann war der Schneesturm so stark, daß wir nichts mehr sahen. Also ging es zurück ins Hotel, und wir mußten wieder warten.

Das Hotel war in einem sehr modernen Stil gehalten und fast vollkommen verglast. Wir saßen an der Bar, schauten durch die Scheiben und wunderten uns nur darüber, wie hoch der Schnee sich auftürmte. Man konnte richtig zusehen, wie die Schneeberge langsam anwuchsen. Im Laufe eines Weltcup-Winters erlebt man den einen oder anderen Schneesturm, doch ich habe es in Europa noch nie gesehen, daß es so wild schneien kann. Es erinnerte mich fast an meine Kindheit, an die Winter, die früher rauher gewesen waren – aber vielleicht ist das auch nur in der Erinnerung so. Es war zwar ganz anders als in Flachau, aber in dem Schneesturm fühlte ich mich dennoch recht heimisch.

Leider fiel mein Training dem beeindruckenden Naturschauspiel zum Opfer. Ich hatte seit fast einem Monat keinen Riesentorlauf mehr bestritten und trainiert, da fehlt einem dann das Gefühl. Ich bin zwar keiner, der besonders viele Trainingsläufe braucht, aber das ist vor den Bewerben eher eine mentale Angelegenheit: Du weißt nicht, wie und wieviel deine Konkurrenz trainiert hat, während du im Hotel sitzt und abwarten mußt.

Der Riesentorlauf war für Donnerstag geplant, am Mittwoch zuvor trainierten wir auch noch einmal, es gab einzelne Pausen im Schneesturm. Wenn die Sonne kurz durchkam, war es fast frühlingshaft warm. Die Trainer schaufelten uns immer wieder eine Strecke frei, sie arbeiteten rund um die Uhr. Ich benötigte nur zwei Läufe. Der erste war noch nicht so gut, der zweite war optimal. Das Gefühl für den Schwung war da – als hätte ich ständig Riesentorlauf trainiert. Da ließ ich es sein, mehr wollte ich gar nicht.

Es war eine schwierige Situation für mich und gleichzeitig auch nicht. Ich hatte schon eine Goldmedaille, das war der große Vorteil. Aber gleichzeitig fiel so viel Druck ab, daß ich gar nicht wußte, wie ich mich nun fühlen würde, wenn ich beim Riesentorlauf am Start stehe. Da wurde mir bewußt, wie wichtig das Programm bei solchen Titelkämpfen ist. Wenn du gut startest und Erfolg hast, bist du in einem Lauf drinnen. Ansonsten kippst du auch als hoher Favorit hinaus. Das war in Nagano nicht anders: Mit dem Start im Kombinationsslalom lief alles schief. Ich wollte zuviel, ich hatte einen Fehler, und von da weg stand ich unter Druck. Oder besser gesagt: Ich setzte mich selbst unter Druck. Dann kam die Abfahrt, und ich wollte noch mehr. Jetzt mußte ich es schon erzwingen, weil die erste Medaillenchance hatte ich ja vergeben. Mit dem Wissen, daß ich es jetzt erzwingen mußte, scheiterte ich.

Nun hatte sich innerhalb einer Woche alles gedreht. Ich mußte nichts mehr erzwingen, sondern hatte alles gewonnen – ich war Olympiasieger. Für einen Moment kam mir der Gedanke, wie alles gelaufen wäre, wenn es am ersten Sonntag mit der Abfahrt geklappt hätte. Wenn es keine Verschiebungen gegeben hätte, wenn ich ganz locker gefahren wäre. Gleichzeitig mußte ich aber eingestehen, daß mit dem Sturz Olympia genauso einfach auch vorbei sein hätte können. Wie knapp doch im Leben alles zusammenliegt. Oft merkt man das erst, wenn man etwas erreicht hat. Zuvor scheint einem alles noch weit weg.

Nun stand ich am Start des Riesentorlaufs. Nicht als Jäger nach dem Erfolg, sondern als Olympiasieger. Nicht ich mußte an diesem Tag irgendjemandem etwas beweisen, ich war der Favorit.

Im ersten Durchgang bekam ich wenig Gefühl für den Lauf, ich machte fast alles mit Kraft. Das Gefühl kam erst im zweiten Lauf. Es war ein Hang mit einer absoluten Besonderheit: Hier gab es geschützte Meerkatzen, die auf dem Schnee herumliefen. Erst dachten wir alle noch an einen Witz, aber da saßen tatsächlich kleine Äffchen neben der Strecke. Mehr noch als die Tiere ist mir aber mein zweiter Durchgang in Erinnerung geblieben. Toni

Giger setzte den Lauf. Das ist zwar nicht logischerweise ein Vorteil, aber es ist auch kein Nachteil. Er weiß, was wir gerne fahren, und wir brauchen uns nicht umzustellen. Ich ging auch in diesen zweiten Lauf zu schnell und zu hart hinein und bekam sehr früh eine Stange gegen den Oberschenkel. Da lag ich in Führung und fuhr trotzdem wieder am obersten Limit, einfach weil ich nicht anders konnte. Doch in diesem Lauf fand ich den Rhythmus für den Riesentorlauf, und obwohl der relativ lang war, konnte er nicht lang genug sein. Im unteren Teil wurde der Lauf ziemlich rund, und wenn du einmal so weit bist, kämpfst du dich nicht mehr zwischen die Tore durch, du fährst vielmehr wie auf Schienen. Am Schluß wäre ich noch gerne weitergefahren, aber Gold ist ein guter Grund, um abzuschwingen.

Danach verspürte ich das erste Mal Schmerzen im Rücken. Ich kam fast nicht auf das Siegespodest. Die Hektik nach meinem zweiten Olympiasieg war ich zwar schon gewohnt, aber diesmal war sie noch ärger. Wir waren wegen dem zweiten Durchgang später dran, so konnten wir nach der Pressekonferenz gar nicht mehr zu unserem Hotel fahren. Darum fuhr ich gleich mit dem Hans Pum mit, der im Mannschaftshotel der Damen wohnte. Ich borgte mir in aller Eile etwas zum Anziehen aus. Vor dem Hotel wartete schon die Polizeieskorte. Danach ging es mit Blaulicht hinunter nach Nagano zur Siegerehrung.

Es war zwar schon die zweite Siegerehrung, und ich machte innerhalb von vier Tagen die Gratulationstour noch einmal mit. Dennoch bleibt das unvergeßlich. Einen wesentlichen Unterschied gab es dennoch: Die Feier im Österreich-Haus war die beste, die wir mitgemacht haben. Für uns war Olympia aus, vorbei und gelaufen. Ich wollte nur noch ein kleines Bier oder zwei, schlafen gehen und dann ab in die Sonne. An diesem Abend wurde ich gefragt, ob ich nicht Angst hätte, daß ich plötzlich aufwachen würde, und alles stellt sich nur als wunderschöner Traum heraus. „Nein", sagte ich, „darum habe ich ja die Medaillen immer auf dem Nachtkästchen liegen."

Die nächsten Tage hatte ich sie nicht mehr auf dem Nachtkästchen, denn Petra nahm sie mit nach Hause. Für meinen Fanklub ging es nach zwei Wochen in Japan wieder nach Europa, ich selbst flog nach Guam. Das ergab sich nicht aus Jux, sondern weil der Weltcup eine Woche später in Südkorea weitergehen sollte. Wir wollten allesamt abschalten, und so kam die Idee mit dem Kurzurlaub. Wem Guam eingefallen war, weiß ich nicht, aber wir hielten es für eine gute Idee.

Am Freitag flogen wir etwas übernächtig dorthin. Es war eine illustre Runde, Hans Knauss war dabei, Stefan Eberharter, Jan Greisinger und „Gradi" Gradwohl. Die zwei hatten wir zum Dank eingeladen, den Gradi stellvertretend für die Trainer, die den ganzen Winter unheimlich für uns geschuftet hatten. Der Jan ist unser Masseur, der war auch immer für uns da. Zudem muß der Arme auch immer das Vorbereitungsprogramm mitmachen. In Guam warteten schon der Robi Trenkwalder und Günther Mader, die waren schon vorausgefahren. Wir wollten uns nur entspannen und Spaß haben. Vor allem wollten wir abschalten und einmal für eine Woche keine Japaner sehen. Wir stellten uns das so romantisch vor: Wir kommen auf eine Südseeinsel, wo kein Mensch etwas von den Olympischen Spielen mitbekommen hat und uns niemand auf das Skifahren anspricht. Wir tauchen einfach in die anonyme Menge ein.

Das erste, was wir spürten, war die enorme Luftfeuchtigkeit. Wenn du aus dem Winter kommst und in tropischen Temperaturen aussteigst, dann nimmt es dir gleich einmal die Luft zum Atmen.

Das zweite, was wir sahen, waren – Japaner. Guam ist eine der beliebtesten Urlaubsinseln für Japaner, die kommen da auch über das Wochenende hin. Und sie hatten natürlich alle die Olympischen Spiele in ihrer Heimat verfolgt, und das österreichische Skiteam war ihnen ein Begriff. Wir checkten gerade im Hotel ein, da kam auch schon die „Frohbotschaft" über uns: Der Gouverneur will uns zu Ehren einen Cocktailempfang machen und uns für unsere Leistungen in Nagano ehren.

Es war wie im Film: Uns allen standen noch die zahlreichen Feiern vom Landeshauptmann bis zum Bürgermeister bevor, doch jetzt wollten wir bloß Urlaub machen. Statt dessen saßen wir in Guam in der tropischen Hitze und wurden hier von den örtlichen Politikern geehrt. Es war herzlich und skurril zugleich.

Das für die japanischen Reisegruppen vorgesehene Programm war nicht so ganz nach unserem Geschmack, so stellten wir uns selbst eines zusammen. Der Günther Mader und der Robi Trenkwalder hatten die Insel schon erkundet und einiges kennengelernt. So überließen wir ihnen die Programmgestaltung und saßen den ersten Tag gleich im Auto. Die Tochter des Hotelchefs hatte für uns eine Inselrundfahrt organisiert. Ich wußte gar nicht, wie groß so ein Eiland sein kann, wir fuhren stundenlang im brennheißen Auto herum – eine tolle Idee.

Am nächsten Tag wollten wir es besser machen und unternahmen einen Ausflug auf eine vorgelagerte Insel, um dort ausgiebig Jet-Ski zu fahren. Leider waren anfangs keine Jet-Ski verfügbar, erst am Nachmittag. Auch gut, so borgten wir uns Buggies aus. Mit denen konnten wir auch auf der Insel herumfahren. Nach der Vorstellung des Vermieters sollte einer hinter dem anderen fahren. Unsere Vorstellung war etwas anders. „Überholen verboten", wollte er dem Robert Trenkwalder noch mitteilen, doch der hörte ihn weder, noch hätte er ihn ernst genommen. In der ersten Kurve lag schon einer im Wald. Als wir nach einer Stunde zurückkamen, um auf die Jet-Ski umzusteigen, schaute uns der Vermieter nur mit einem bleichen Gesicht an und meinte: „No Jet-Ski" – viel zu gefährlich für uns.

> Der Abschied aus Japan verlief für viele recht bewegt. Beim letzten Alpinbewerb, dem Herrenslalom, bebte die Erde. Als wären Regen, Schneefall, Hagel und Blitzschlag nicht schon genug gewesen, gab es zum Abschluß noch ein Beben der Stärke 5,0 auf der nach oben offenen Richter-Skala. Und das ereignete sich just bei Mario Reiters Fahrt. Erst wollte der Vorarlberger gar nicht dazu Stellung nehmen, „weil es doch ganz nach einer Ausrede aussieht, wenn einer sagt, bei ihm hätte es ein Beben gegeben." Doch seltsam kam es ihm schon vor: „Mir schien, als würde der Boden unter mir wegschwimmen." Immerhin war das Beben so stark, daß die Shinkansen-Schnellzüge von Nagano nach Niigata automatisch auf offener Strecke gestoppt wurden.
> Doch das war längst nicht das einzige Außergewöhnliche an diesen Spielen in Japan. Die Biathleten mußten ihre Gewehre und Munition abgeben, weil der Besitz von Feuerwaffen in Japan für Privatpersonen untersagt ist. Auf der Bobbahn gab es Rauchverbot – aber nicht im Gebäude, sondern im Freien. Weil ausgerechnet die Bobbahn in einem Naturschutzgebiet liegt, wurde im Gebäude ein Raucherzimmer eingerichtet. Wer während des Bewerbes rauchte, wurde streng ermahnt. Nicht minder kurios die Situation um die Snowboarder: In den

> Wintersportgebieten von Shiga Kogen war das Snowboardfahren verboten – Snowboarder haben in Japan eigene Skigebiete. Für die Olympischen Spiele wurde das Verbot aufgehoben. Aber nur für zwei Wochen; kaum waren die Medaillen vergeben, wurden die Snowboarder wieder ausgesperrt.

Eine einzige Rechnung hatte ich in diesem Winter noch offen: den Riesentorlauf-Weltcup. Das war die Motivation vor der Fortsetzung in Südkorea. Der Kurs in Yong Pyong war sehr schlecht, es war überhaupt ein komischer Veranstaltungsort. Wir trafen einen Österreicher, der in Muju arbeitet. Muju ist der zweite große Alpinort in Südkorea, der sich sogar um Olympische Spiele bewirbt. Der Österreicher erzählte uns, daß es dort weit bessere Bedingungen geben soll. Muju hatten sie mit österreichischen Handwerkern aufgebaut und es Kitzbühel nachempfunden. Da gibt es das „Hotel Tyrol" und die „Tenne", alles im alpenländischen Stil gehalten, mit viel Holz. Yong Pyong war dagegen ein Retortenort mit Hochhäusern. Die Begeisterung unter den Zusehern war ziemlich groß, die hatten Olympia zuvor nur im TV miterlebt.

Manche stehen dem Weltcup in Asien kritisch gegenüber. Ich bin der Meinung, daß das für die Industrie wichtig ist und daß wir dort fahren sollen. Wenn wir nur zwischen Kitzbühel, Garmisch und Gröden fahren, dann wird der Weltcup bald eine Insidergeschichte. In diesem Monat in Asien habe ich sehr viel von der Begeisterung für den Skisport mitbekommen und von der Sympathie für Österreich. Überall, wo wir hinkamen, kannten sie Österreich, das Ski-Team, und jeder erinnerte sich an irgendeinen österreichischen Skifahrer, ob der nun Sailer oder Klammer hieß. In Hakuba gab es auf dem Weg zu unserem Hotel eine Kneipe, in der hing ein zwei Meter hohes Porträt von Franz Klammer, und davor standen auf einem Tischchen frische Blumen. Wenn man das zum ersten Mal zehntausend Kilometer von zu Hause sieht, dann wundert man sich schon. Aber darauf können wir auch stolz sein.

In Südkorea waren der Empfang und die Freundlichkeit ähnlich. Die Aussicht auf den Riesentorlauf-Weltcup motivierte mich zusätzlich, aber der Rücken machte mir doch zu schaffen. Statt der kleinen Kugel für den Riesentorlauf-Weltcup wurde es die große für den Gesamt-Weltcup. Nach diesem Wochenende war ich nicht mehr einzuholen. 28 lange Jahre ohne Weltcup-Gesamtsieg für einen Österreicher waren vorbei.

Der Weltcup ging aber noch weiter. Ebenso meine Rückenprobleme. Wir vereinbarten schon in Yong Pyong, daß ich nicht nach Lillehammer mitfliegen würde, sondern zuvor zur Behandlung meiner Rückenprobleme noch einen Stopp in der Heimat machen wollte. Es ging nicht nur um die Schmerzen, es ging auch um die Ursache der Probleme. Daher wollten wir die Rückkehr nicht an die große Glocke hängen. Die Mannschaft flog weiter nach Norwegen, ich bin via Wien nach Salzburg. Bei diesem Rückflug nach Salzburg war sogar ein Reporter an Bord, aber der war ein außenpolitischer Journalist und hatte wenig Interesse an mir. In Salzburg stieg ich ganz normal aus, ging durch den Zoll und fuhr heim. Keine Blasmusik, keine Fotografen, keine Politiker, keine Ansprachen. Einen Monat zuvor, beim Abflug nach Japan, war das noch ganz anders gewesen. Aber jetzt war es herrlich, fast ganz unerkannt aus dem Flughafen zu spazieren.

IV.
MEIN TRAINING

In der Kraftkammer

Der größte Unterschied zu meinem Training in früheren Zeiten besteht darin, daß ich es heute professionell betreibe. Damit meine ich, daß ich nun mein Training als Bestandteil meiner Arbeit als Ski-Rennläufer sehe und es nicht einfach irgendwie mitlaufen lasse.

Als ich in das Team kam, war mir klar, daß ich ab nun gezielter trainieren mußte, mit einem eigenen Aufbau und Plan. Das klingt einfach, aber man muß erst den Plan und Ablauf finden, der einem einerseits behagt und andererseits auch wirklich weiterhilft. Das eine hat mit dem anderen oft nicht viel zu tun, aber das merkt man meistens erst zu spät. Bevor ich in den ÖSV-Kader aufgenommen wurde, hatte ich noch nie eine Kraftkammer von innen gesehen. Die erste Kraftkammer betrat ich also in der Saison 1996/97, zu dem Zeitpunkt war ich bald 24 Jahre alt, und das ist für einen Sportler schon relativ spät, wenn er sich da erst mit professioneller Trainingslehre zu beschäftigen beginnt. Mein selbstgesteuertes Krafttraining wollte ich damals im Universitäts- und Landessportzentrum Rif bei Salzburg aufnehmen. Nur erschien mir die tägliche Strecke von Flachau nach Salzburg und retour schon bald als sehr weit. Eines Tages traf ich in Rif beim Training Gudrun Pflüger, eine Langläuferin, die mich erstaunt fragte, warum ich in Rif und nicht in Obertauern trainierte, wo doch Obertauern von Flachau viel näher wäre. Eine Erklärung blieb ich ihr schuldig, doch damit wußte ich, daß es auch in Obertauern eine Kraftkammer und ein Sportzentrum gab. Das war eine gewaltige Zeitersparnis, und so ließ es sich recht einfach einrichten, daß ich bald schon täglich nach Obertauern fuhr.

Das erste Jahr trainierte ich noch alleine. Das hatte auch schlicht und einfach damit zu tun, daß ich nicht jedem vertraute. Ich wollte so wie im

Europacup weitermachen, da hatte es ja auch ganz gut funktioniert. Am Anfang trainierte ich in der Kraftkammer wie ein Esel. Die Gewichte lud ich mir auf, als ob ich die Sportart wechseln und fortan als Gewichtheber auftreten würde. Das entsprach meinem Bild vom Krafttraining. Mir fiel zu dieser Zeit aber auf, daß einige andere Skisportler wie Heinz Schilchegger, Thomas Sykora oder Mario Reiter auch in Obertauern trainierten – und die machten meistens etwas ganz anderes. Die waren ständig unter Kontrolle und arbeiteten nach Plänen.

Mir hingegen war es das wichtigste, unentgeltlich trainieren zu können, denn damals war ich knapp bei Kasse. Die anderen wurden ständig von ihren Betreuern kontrolliert und machten auch einmal eine Pause. Das kam für mich nie in Frage, immerhin war ich ja zum Trainieren und nicht wegen der Pausen da. Aber ich fühlte mich nie fit, ich hatte immer das Gefühl, daß ich etwas verkühlt sei. Heute weiß ich, daß ich mich ständig im Zustand einer permanenten Trainingsüberbelastung befand. Man hätte mich eigentlich bremsen und von Zeit zu Zeit aus der Kraftkammer werfen sollen.

Nachdem ich mir in Chamonix die Hand gebrochen hatte, stand mir etwas mehr Zeit zum Training in Obertauern zur Verfügung. In dieser Zeit fragte mich der Leiter des Zentrums einmal, wie ich eigentlich trainiere, er wollte sich mein Trainingsprogramm ansehen. So kamen wir spät, aber doch ins Gespräch, und mein selbstgestricktes Training nahm von da an andere Züge an.

Professionell ist für mich ein Trainingsplan, der vom Aufbau her durchdacht ist und vor allem regelmäßig überprüft wird. Zum Beispiel, daß du auch weitertrainierst, wenn du dich nicht ganz fit fühlst, aber dann eben etwas anderes machst. Wichtig ist auch, daß du auf deine Ruhephasen achtest. Mit anderen Worten: Weniger kann auch einmal mehr sein. Aber das war eine der schwierigsten Erkenntnisse für mich. Während einer Saison kann man ohnehin nicht mehr so viel umkrempeln, dachte ich. Nach meiner Verletzung versäumte ich damals zwar die WM in Sestriere, aber das nächste Rennen in Garmisch-Partenkirchen gewann ich gleich. Von da an war ich von meinem neuen Training völlig überzeugt.

In der Olympia-Saison machte ich meine erste Leistungsdiagnostik relativ spät, erst am 28. Mai. Die Werte waren nicht so schlecht, aber sie sind mit den heutigen nicht mehr zu vergleichen. Ich begann also, mein Training komplett umzustellen: nicht mehr so intensiv, dafür aber gezielter zu arbeiten. Vom Frühjahr bis hin in den Sommer versuche ich die Grundlagen in allen Bereichen zu entwickeln. Das ist die Basis, die dir durch den Winter helfen muß, darauf baut letztlich das ganze weitere Training auf.

Tips und Hilfen im Training

Jeder Sportler, ob auf einem Leistungsniveau oder als Hobbysportler, ist mit einer Vielzahl gutgemeinter Tips und Hilfen im Training konfrontiert. Wenn ich überzeugt bin, daß mir etwas hilft, dann mache ich das auch. Nur sollte sich jeder zuerst die Frage stellen, was ihm hilft, das ist ebenso wichtig. Man kann sich bei anderen immer etwas abschauen. Wenn ein anderer etwas besonders gut macht, dann ist man selbst dazu verleitet, es ebenso zu machen. Nur sollte man nie vergessen: Brauche ich das auch? Daher ist meine Erfahrung, daß man sich eher an seinem eigenen Trainingsplan und -ziel orientieren muß und sich nur wenig abschauen kann.

Das Wichtigste im Training – das gilt für Hobby- und Leistungssportler gleichermaßen – ist, daß man, so gut es geht, auf ein Ziel hinarbeitet. Wichtig ist auch, daß man gute Geräte hat und ständig kontrolliert wird, ob man seine Sachen richtig oder falsch macht. Wenn man falsch trainiert, kommt man immer weiter hinunter anstatt hinauf, ohne es zu merken.

Ich selbst war auch in einer Phase, in der ich mitunter falsch trainierte. Wenn du alleine arbeitest, dann arbeitest du automatisch mehr an deinen schon vorhandenen Stärken, man sollte aber an seinen Schwächen arbeiten. Was du ohnehin gut kannst, das trainierst du einfach weiter, weil es nicht mehr so weh tut. Das Beispiel kennt jeder aus dem Fußball: Wenn man rechts schießt, weil es mit links nicht so gut geht, dann wäre es besser, öfter mit links zu trainieren. Statt dessen vertraut man fast immer auf seinen rechten Fuß.

Meine Vorbereitung für das Training beginnt eigentlich am Tag nach der letzten Weltcup-Saison oder besser gesagt: am Tag nach der Abschlußfeier.

Gewisse Grundlagen müssen so schnell wie möglich trainiert werden. Wenn man in der Ausdauer stark ist, kann man auch einmal eine Pause machen. Man beginnt im unteren Bereich, macht längere Läufe, ohne daß man es zu schnell angeht, oder eine Wanderung. Aber immer im unteren Pulsbereich. Man beginnt ja auch nicht mit derselben Bergtour, mit der man im Herbst aufgehört hat. Im Skisport fangen wir im April mit dem Aufbau an, so zwei Wochen nach dem letzten Weltcup-Finale. Wenn man eine gute Grundlage hat, kann man da auch einmal einen Urlaub einschieben. Warum ich keinen Urlaub mache? Wahrscheinlich ist meine Grundlage noch zu schlecht.

Grundsätzlich ist es sinnvoller, sich das ganze Jahr über auf einem hohen Niveau zu bewegen, als immer wieder von Null weg aufzubauen. Für den Aufbau bleibt uns leider immer weniger Zeit. Im Grunde muß das von April bis Mitte Juli erfolgen, danach geht es ins Trainingslager nach Übersee, und da müssen die Grundlagen schon vorher stimmen.

Derzeit kommen für mich allerdings noch einige Aspekte hinzu, die früher keine Rolle gespielt haben. Ich weiß, daß ich der Gejagte bin, daher muß ich jetzt noch mehr agieren und nicht nur reagieren. Jetzt werden sich die Konkurrenten an mir und meiner Form im Weltcup orientieren; früher war das umgekehrt.

Mit dem muß ich ebenso lernen umzugehen wie mit den vielen Presse- und PR-Terminen. Für mich ist das keine Belastung, denn ich weiß nur zu gut, wie der Weltcup ohne Medien- und Sponsoreninteresse aussehen würde. Wir alle leben davon, und wer in die Öffentlichkeit tritt, darf sich nicht beklagen, daß er zum öffentlichen Interesse wird. Um den Zeitverlust zu kompensieren, versuche ich eben noch härter zu trainieren als die Jahre zuvor. Nur ist das auch eine sehr subjektive Einstellung: Ich trainiere härter als früher, aber durch die vielen Termine weiß ich nicht, ob ich tatsächlich mehr trainiere. Wenn du von einer Einladung zur Formel 1 oder von einer Sponsorenpräsentation heimkommst und sofort wieder trainierst, fühlst du dich gut, aber letztlich hast du doch drei Tage verloren. Ob ich diesen Ausgleich schaffe, wird die Zukunft weisen.

Und was kommt jetzt?

Österreich hat 28 Jahre auf einen Weltcup-Sieger gewartet, nun haben wir die Kristallkugel wieder nach Österreich geholt. Der Weltcup ist auch für mich sehr wichtig, weil ich gemerkt habe, welche Bedeutung er für das Team, den Ski-Verband, die Fans hat. Daß mir in diesem Jahr auch zwei Olympia-Goldmedaillen gelungen sind, macht die Geschichte noch besser. Vielleicht kann man es so formulieren: Der Weltcup war das Ziel des ganzen Teams, der Olympiasieg war mein persönliches Ziel. Gleichzeitig ergibt sich aus der letzten Saison die Frage: Was kommt jetzt? Der Druck fällt weg, das ist meine erste Antwort. Ich brauche mir und den Trainern nichts mehr zu beweisen, und gleichzeitig nimmt der Weltcup-Erfolg auch etwas Druck vom Team.

Der Rückblick auf die letzte Saison zeigt überraschende Facetten auf. Wieviel Kraft ich aus mir herausgeholt habe, verblüfft mich eigentlich weniger, denn dafür habe ich ja ein ganzes Jahr trainiert und gearbeitet. Mehr überrascht mich selbst meine Coolness, mein Selbstbewußtsein, mit dem ich in die Saison gegangen bin. Ich hatte ein bißchen mehr als ein Dutzend Weltcup-Rennen absolviert, ich war Europacupsieger – aber was konnte ich sonst im Skisport vorweisen? Irgendwie war ich ja immer noch ein Neuling. Es funktionierte vom ersten Rennen weg, sogar Rückschläge wie in Val-d'Isère oder Alta Badia, die an die Substanz gehen, wirkten sich nicht weiter aus, sondern machten mich nur stärker. Kraft läßt sich nämlich aufholen, aber die mentale Stärke nicht. Das war meine Erkenntnis aus diesem Jahr.

Denn in diesem Winter ist die Eigendynamik des Erfolges durchgekommen. Es ist fast unglaublich, über wieviel Kraft du in so einem Moment plötzlich verfügst. Du traust dir in so einem Augenblick auch viel mehr zu. Und nicht nur das: Du machst die Dinge einfach, du denkst nicht nach und bist nicht unsicher. Mit dieser Energie bewältigst du auch vieles neben dem Skisport ganz leicht: Pressetermine, PR-Termine, Werbeveranstaltungen. Mir wurde das nie zur Belastung. Es hat mir sogar immer Spaß gemacht, bis auf ein einziges Rennen: Kitzbühel war ein Wahnsinn, so etwas möchte ich nicht mehr erleben. Wenn ich da das Rennen auch noch fahren hätte müssen – es wäre ohnehin nichts geworden.

Mein Verhältnis zur Presse und zu den Journalisten ist durchwegs positiv, denn letzlich machen die auch nur ihren Job. Hin und wieder kommen schon eigenartige Fragen, da merke ich erst, mit was sich die beschäftigen und worüber die nachdenken. Natürlich ist es mir lieber, wenn ich mich nach einem Rennen regenerieren kann, anstatt Tausende Fragen zu beantworten, nur diese Situation ist genauso ein Teil meines Berufes wie das Training zu Beginn einer Weltcup-Saison.

Das relativ gute Verhältnis hat auch damit zu tun, daß ich von den Medien bisher noch nie wirklich enttäuscht worden bin. Ich versuche fair zu sein und erwarte mir Fairneß, so läuft es wohl am besten ab. Wenn Reporter zu aufdringlich werden, reagiere ich auch entsprechend. Dann ziehe ich mich automatisch zurück, blocke ab, gebe nur mehr 08/15-Antworten. Aber sonst versuche ich mich immer auf die Person einzulassen und mich mit den Fragen auseinanderzusetzen.

Wenn ich mich mit meiner allernächsten Zukunft beschäftige, komme ich nicht an der Frage vorbei, wie ich auf einen möglichen Mißerfolg reagieren würde. Ehrlich gesagt, ich weiß es auch nicht so genau. Angst vor Mißerfolg habe ich jedenfalls keine. Gleichzeitig weiß ich aber auch, daß das in Österreich eine Sache für sich ist. So sehr du im Erfolg bejubelt wirst, so sehr wirst du im Mißerfolg getreten. Das mag weltweit so sein, ich habe aber das Gefühl, daß es bei uns besonders ausgeprägt ist.

Wenn hierzulande jemand einen Fehler macht, dann ist das doppelt schlimm. Ich weiß auch nicht, woraus das resultiert. Vielleicht werden die Leute alle selbst in ihrem Beruf so hart kritisiert, daß sie einem anderen keinen Fehler verzeihen. Vielleicht leben sie auch im Sport so mit, daß sie sich derart identifizieren und hineinsteigern, daß sie aggressiv auf das Versagen desjenigen Sportlers, in den sie soviel von ihren Erwartungen hineinprojizieren, reagieren.

Ein gutes Beispiel dafür war der Andreas Herzog während der Fußball-WM: Er schoß uns im Solo zur WM, und danach wurde er in der öffentlichen Meinung vernichtet. Man muß sich auch an seine Tore gegen Schweden erinnern, bevor man ihn abstempelt.

Meine Erlebnisse in dieser Richtung waren bis jetzt eigentlich immer positiv: Als bekannt wurde, daß mir meine Schienbeine Probleme bereiteten, bekam ich unzählige Salben, Kräuter, Tips und Behandlungsmethoden vorgeschlagen. Ich wurde von Kurzentren eingeladen, ebenso von Therapeuten und Heilmasseuren – und auch so mancher Wunderheiler meldete sich. Doch es ist schwierig zu unterscheiden, was ernst gemeint ist und in welchem Fall einer nur für sich Werbung machen will.

Wie ich auf Mißerfolge reagieren werde, kann ich jetzt nicht sagen, und darüber mache ich mir keine Gedanken. Es ist die letzten Jahre trotz aller Widrigkeiten immer bergauf gegangen. Bis ich 15 Jahre alt war, ging in meinem Leben überhaupt nichts voran. Doch danach entwickelte es sich so, daß jedes Jahr irgendein positiver Aspekt dabei war oder daß es jedes Jahr einen Schritt vorwärts ging. Anfangs waren es nur kleine Schritte, die letzten fünf, sechs Jahre waren, rückblickend, absolut positiv. Das macht mir auch viel Mut für die Zukunft.

Der Umstieg vom Europacup in den Weltcup war im Grunde meine einzige große Enttäuschung und mein einziger Rückschlag in den letzten Jahren. Da lief es nicht so, wie ich wollte, denn ich wollte auch im Weltcup sofort gewinnen. Die Geduld, darauf zu warten, hatte ich in dieser Zeit nicht. Damals bedeuteten die Rennen von Garmisch-Partenkirchen einen Wendepunkt. Erst verpaßte ich die WM in Sestriere wegen meiner Handverletzung, aber anschließend lief es gut. Das war ja eher noch eine zusätzliche Motivation, wenn die für die WM nominierten Fahrer nachher wieder im Weltcup fuhren. Du warst nicht berücksichtigt, du willst es jetzt der ganzen Welt zeigen. Es ist natürlich doppelt schön, wenn es dann gelingt.

Mein Fahrstil wurde oft als extrem kraftvoll umschrieben. Das stimmt schon, nur manchmal habe ich das Gefühl, als würde man nur meine Kraft für die Erfolge verantwortlich machen. Die beste Kraft hilft dir aber nichts, wenn du keine Ausdauer hast. Das merkst du spätestens im Riesentorlauf. Da kannst du kraftvoll hineingehen, aber wenn du nicht die Ausdauer hast, brauchst du dir im unteren Streckenteil keine Gedanken über deine Zeit mehr machen. Zum Stil kommt das Material hinzu. Es muß genauso perfekt dazupassen wie deine Einstellung, deine Kraft, deine Ausdauer. Ich erinnere mich an meine Anfänge im Europacup, da habe ich von Tecnica- auf Lange-Skischuhe gewechselt. Mit dem neuen Schuh hatte ich zunächst mehr Probleme, weil der unheimlich aggressiv war. Aggressiv heißt: Wenn man den Schwung anfährt, überträgt der Skischuh das sofort auf den Ski; ich bin dadurch oft in starke Rücklage gekommen. Mir war aber schon damals klar, daß dieser Schuh meinem Stil weit besser entgegenkommen würde.

Das einzig richtige Doping: Erfolg

Wenn ich im Training schlecht aufgelegt bin, dann lasse ich mir überhaupt nichts sagen. „Schau lieber auf deine eigenen Fehler, du machst es auch so", antworte ich dann denen, die mir eigentlich helfen wollen. Danach tut mir das meistens sofort leid. Heute kann ich Tips und Hilfen leichter annehmen, früher konnte ich das überhaupt nicht. Wenn man mehrmals schon gute Leistungen gebracht hat, kann man damit souveräner umgehen, man merkt, was einem weiterhilft.

Wenn man keinen Erfolg hat und darüber grübelt – an eine solche Phase kann ich mich auch gut erinnern –, dann probiert man dieses und jenes, und am Ende weiß man selbst nicht mehr, was einem hilft und was nicht. Das ist auch im Sport so ein Phänomen. Es gibt dazu ein Zitat vom Rudi Nierlich, das die Sache genau trifft: „Wenn es lauft, dann lauft's", hat er nach seinen Erfolgen immer gesagt. Es ist zwar kein besonders inhaltsschwer klingender Spruch, aber er stimmt einfach. Wenn du locker drauf bist, machst du alles richtig – das ist im Sport so wie im Privatleben, im Beruf, bei wichtigen Terminen. Du bewältigst Situationen einfach souverän, und du kannst es dir nicht einmal erklären. Wenn du nur nachdenkst und zweifelst, läßt du dich zuwenig von deinem Gefühl leiten und machst schon automatisch nicht mehr das Richtige.

Der Erfolg ist offensichtlich das einzig richtige Doping. Wenn du Erfolg hast, stehst du anders auf dem Ski, ohne daß es dir besonders bewußt wird. Daran dachte ich auch in Hakuba nach der mißglückten Olympia-Abfahrt. Nach dem Sturz sah ich mir den Lauf von Jean-Luc Cretier im Hotelzimmer an und dachte: „Es ist unglaublich, daß man auch so gewinnen kann." Das war für mich schwierig zu begreifen. Cretier riskierte nicht voll, er fuhr teilweise auf Sicherheit, dann ließ er sich wieder treiben – und plötzlich war er Olympiasieger. Für mich gab es bis dahin nur hundert Prozent Einsatz und Risiko. Aber es geht anscheinend auch anders.

Genau das wollte ich dann bei meinem Super G auch umsetzen. Aber das kannst du letztlich nur, wenn du in einer Disziplin wirklich Spitze bist. Im Super G wußte ich zu dem Zeitpunkt, daß mich unter normalen Umständen keiner schlagen kann. „Normal" heißt: wenn durch äußere Umstände die Strecke nicht kurzfristig schneller oder langsamer wird oder ich nicht stürze. Mit dieser Überzeugung im Hinterkopf konnte ich auf einmal zurückstecken und war trotzdem noch schnell. Das Bewußtsein, daß auch 90 Prozent reichen würden, hatte sich durchgesetzt. Wenn du davon und von dir selbst nicht überzeugt bist, brauchst du so etwas gar nicht zu probieren, denn dann nimmst du zu viel Selbstzweifel für dein Vorhaben mit.

In der Abfahrt wäre mir das nicht gelungen, denn da wußte ich, daß ich meinen Konkurrenten gegenüber keinen Vorteil habe. Bei der Abfahrt weiß ich, daß ich immer noch Probleme beim Gleiten habe und mir dazu die langjährige Erfahrung der anderen fehlt. Da kannst du nicht ins Starthaus gehen und sagen: Okay, heute riskierst du nicht alles, weil es müßte dank deiner Überlegenheit auch so für den Sieg reichen. So war es dann auch in Hakuba: Vielleicht war es das Wissen, daß ich mit einem durchschnittlichen Lauf die Abfahrt nicht gewinnen kann, das mich zu soviel Risiko verleitet hat.

Direkte Rennvorbereitung

Die spezielle Vorbereitung auf ein Rennen hängt davon ab, wieviel Zeit zwischen dem Flug, der Anreise und dem Training überhaupt noch bleibt. Gerade dafür braucht man eine Gewöhnungsphase. Das erste Jahr auf der Weltcup-Tour bin ich mit den weiten Flügen nicht sehr gut zurecht gekommen. Innerhalb von zwei Wochen ein Super G in Skandinavien, Rennen in Japan und dann das Weltcup-Finale in Colorado (USA), das ist schwer zu verarbeiten. Um wieder auf die Grundlagen zurückzukommen: Wenn du eine gute Kondition hast und gesund bist, steckst du das leichter weg. Am Anfang hatte ich damit meine Schwierigkeiten. Ich war zuvor nur einmal privat in Amerika gewesen, ich kannte das mit den ewigen Zeitumstellungen noch nicht. Dann kam das erste Mal ein Training in Neuseeland, und da rannte ich die erste Woche ständig mit einem Schwindelgefühl herum. Es gibt die Faustregel, daß der Körper pro Stunde Zeitumstellung einen Tag braucht, um sich darauf einzustellen. Diese Zeit haben wir nie, denn zwei Tage nach der Ankunft in Japan steht schon das erste Abfahrtstraining auf dem Programm, um nur ein Beispiel zu geben.

Anfangs war ich im Flugzeug meist auch so nervös, daß ich nie schlafen konnte. Erst probierte ich es mit zwei Seideln Bier. Das half auch nichts, ich konnte immer noch nicht schlafen und wurde immer nervöser. Jetzt trinke ich viel Wasser, lese etwas, versuche meine Gedanken abzuschalten. Die ersten fünf der Weltrangliste fliegen auf Veranstalterkosten Business class, das ist auch ein Unterschied. Man hat mehr Ruhe, ist aber verleitet, daß man zuviel ißt.

Es ist natürlich auch in Europa stressig genug. Am liebsten trainiere ich vor den Rennen noch in Ruhe zu Hause und versuche die Anreise ohne viel

Hektik zu gestalten. Leider gelingt mir das nicht allzu oft. Ein bißchen Heimvorteil gibt es bei den Rennen in Flachau und Schladming. Da wohne ich zu Hause, das nimmt viel von der gespannten Atmosphäre, die in den Hotels am Tag vor einem Rennen meistens herrscht.

Die Teams wohnen im Weltcup immer in den gleichen Hotels, ob in Wolkenstein oder in Val-d'Isère. Viele Fahrer schätzen diese vertraute Umgebung, da weiß jeder, was ihn erwartet, wie das Zimmer aussieht, wo der Skikeller ist, wie weit es zu den Liften ist und so weiter. Mir ist das eher egal, ich lege mehr Wert auf andere Gegebenheiten. Ein Zimmer mit viel Platz ist mir wichtiger, ansonsten wird man mit dem vielen Gepäck und dem Fahrrad mittendrin noch ganz verrückt. Wenn es einen Fitneßraum gibt, dann bin ich im Hotel ohnehin schon zufrieden, das ist mir das Wichtigste.

Nervosität und Anspannung – das kenne ich nach wie vor. Beim ersten Saison-Rennen ist die Nervosität immer am höchsten. Wenn man aus dem Training zum ersten Wettkampf kommt, weiß man ja nie genau, wo man steht. Da denkt man sehr viel nach. Wenn man dagegen in der Rennserie steckt, ist gar keine Zeit mehr, um nervös zu sein. Die Anspannung steigert sich am Renntag, das ist bei jedem Rennfahrer so, und das wird immer so bleiben. Beim Einfahren macht man sich schon seine Gedanken. Unmittelbar vor dem Start muß eine gewisse Spannung da sein, ohne die geht es einfach nicht.

Mein Lebensrhythmus ist im Vergleich zu den anderen Teamkollegen eher verschoben. Ich gehe fast immer als Letzter schlafen, denn ich schaue mir am Abend immer noch einmal das Trainingsvideo an. Am Nachmittag analysieren wir das meistens schon mit den Trainern, am Abend mache ich es noch einmal alleine.

Bei diesem Videostudium achte ich sehr genau auf meine eigene Linie und auf die der anderen Fahrer. Dann suche ich mir die Zeitschnellsten in den jeweiligen Abschnitten heraus und schaue mir noch einmal an, worin sich deren Linie von meiner unterscheidet. Wenn einer in einem Abschnitt signifikant schneller ist, wird man aufmerksam, dann will man natürlich wissen, was der anders macht. Aber meistens kann man so eine Linie nicht übernehmen, weil jeder seinen eigenen Stil hat und du oft schon eine andere Linie im Kopf hast.

Direkte Rennvorbereitung

Wer fährt am ehesten meine Linie? Vor allem die Norweger und die eigenen Teamkollegen. Da speziell der Hans Knauss, der Andreas Schifferer und der Pepi Strobl. Es gibt auch einige, die eine ganz andere Linie haben, wie zum Beispiel der Patrick Ortlieb. Der fährt grundsätzlich einen ganz anderen Stil, von dem kann ich nichts kopieren und er wahrscheinlich nichts von mir. Genauso verhält es sich mit Jean-Luc Cretier. Das ist noch die Generation der klassischen Abfahrer, die etwas anders fahren. Die rutschen noch durch eine Kurve; ich versuche dagegen, durch die Kurve zu schneiden. Dabei versuchst du, den Ski mit Gefühl flach hinüberzulegen. Das lernst du im Riesentorlauf so, und in der Abfahrt kannst du das jetzt nicht plötzlich anders machen. So ist es auch keine Überraschung, daß der Hans Knauss oder der Andi Schifferer aus dem Riesentorlauf kommen.

Nach dem Video folgt am Abend vor dem Rennen oft noch eine Eisbehandlung. Der Schiffi schläft meistens schon, wenn ich in das Zimmer zurückkomme. Dann drehe ich den Fernseher noch recht laut auf, damit er munter wird und nicht mehr einschlafen kann – Scherz beiseite: Meistens ist es umgekehrt, weil er ziemlich schnarcht, und dann ist es um meinen Schlaf geschehen.

Der Morgen vor dem Rennen beginnt oft schon mit Hektik, weil ich später aufstehe und mir auch mehr Zeit lasse. Oft stellt sich dann das Problem, daß kein Auto mehr da ist. Vom Hotel zur Rennstrecke fahren die Läufer meistens mit den Firmenautos ihrer Ski-Teams wie Head, Atomic oder Blizzard. Die müssen dann eben auf den Nachzügler warten, bis der vom Frühstück kommt. Da kriege ich oft Schimpfer vom Hans Knauss. Der ist immer schon fertig, weil er früher zum Start will.

Das hat auch mit den Gewohnheiten beim Einfahren zu tun. Ich fahre meistens nach der Besichtigung ein, die anderen meistens davor. Ich will und brauche eigentlich gar nicht so viele Fahrten, andere legen dagegen viel Wert darauf. Jetzt haben wir es so gelöst, daß die Serviceleute den Hans Knauss zuerst zum Start fahren und mich danach noch einmal holen.

Einmal gab es genau deswegen ein Problem für den Schiffi und mich. Es war gleich bei meiner ersten Abfahrt in Whistler Mountain, die dann abgesagt wurde. Wir wohnten ziemlich weit weg von der Strecke, und als wir aus dem Hotel kamen, waren schon alle abgefahren. Da hatte sich offensichtlich der eine auf den anderen verlassen, und wir blieben übrig. Es folgten zwei Kilometer Fußmarsch mit den Skischuhen. Wir fuhren dann allerdings von der anderen Bergseite auf und waren daher früher oben. So behaupteten wir halt, daß wir diesmal die Ersten beim Einfahren waren – aber das glaubten sie uns wahrscheinlich nicht.

Von Vorteil waren da noch die hohen Startnummern im Europacup, jetzt komme ich ja immer schon ziemlich früh dran. Es ist sich dennoch immer ausgegangen, nur in Serre Chevalier kam ich einmal fast zu spät zum Europacup-Start. Da war der letzte Vorläufer schon auf dem Weg und ich noch auf dem Lift. Von dort aus rief ich hinunter, daß sie doch warten sollten.

Das Einfahren vor dem Rennen ist dennoch nicht zu unterschätzen. Ich schaue, daß ich am Anfang ein paar Schwünge fahre, da merke ich, wie ich drauf bin. Lieber schaue ich mir dann das Gelände des Laufes sehr genau an und nehme mir dafür mehr Zeit. Das ist der Grund, warum ich hinterher nur ein bis zwei Mal einfahren kann. Die anderen fahren drei oder vier Mal ein.

Den Rennski gibt es erst unmittelbar am Start. Die Skischuhe sind beim Einfahren noch lockerer als beim Rennen, wenngleich ich sie grundsätzlich nicht so fest zumache wie manch andere. Für eine direkte Startvorbereitung bleibt meistens keine Zeit, man schaut, daß man kurz vorher noch etwas Ruhe findet und eine Spannung aufbaut.

Was die Ernährung betrifft, habe ich schon das Verschiedenste ausprobiert, zum Beispiel, tagelang nur Äpfel zu essen. Ich aß einige Jahre lang kein Fleisch, war ungefähr vier Jahre lang Vegetarier. Derzeit ernähre ich mich meistens von Mischkost: Müsli in der Früh, und, wenn viele Rennen hintereinander sind, mehr Nudeln am Abend.

Einzeltraining versus Training im Team

Ein Einzeltraining ganz alleine für mich würde mir natürlich gut gefallen, denn ich bin grundsätzlich einer, der lieber alleine seinen Weg geht und alleine trainiert. Da kommt mir der ÖSV ungemein entgegen: Ich kann einerseits mein Training in Obertauern selbst arrangieren, ich kann aber auch jederzeit mit dem Team bei Schneekursen oder bei Konditionskursen mitmachen. Was man im Skisport nämlich nie unterschätzen darf, ist der direkte Vergleich: Was der Marc Girardelli diesbezüglich gemacht hat, das war unglaublich hart. Er konnte sich bis zum Weltcup-Start nie mit einem anderen vergleichen.

Optimal wäre es, wenn du alleine trainieren könntest, dann ein, zwei Trainingslager mit dem Team hast, wo du siehst, wie weit du bist. Danach sollte sich jeder wieder zurückziehen können, das wäre meine Idealvorstellung. Aber jeder im Team benötigt etwas anderes. Man braucht auch die Voraussetzungen dafür, denn nur wenn ich ein gutes Trainerteam habe, kann ich von deren Arbeit profitieren und mich danach wieder zurückziehen. Das trifft auf mich zu; andere wollen lieber im Team und in der Gruppe arbeiten. Das macht wahrscheinlich den Skisport so reizvoll und schwierig: Wir sind ein Team, das zusammen arbeitet, aber getrennt den Wettkampf bestreitet. Im Endeffekt ist jeder ein Einzelsportler, der in einer Mannschaft trainiert.

Im Gegenzug verstehe ich auch die Zwänge, in denen der ÖSV steckt. Er muß die Mannschaft als ein Team vermarkten, damit er die finanzielle Möglichkeit hat, auch den Nachwuchs zu fördern. Wenn sich an der Spitze jeder abmeldet, dann ist der Nachwuchs auch abgemeldet. Das ist ein Geben und Nehmen, wobei kein Partner auf der Strecke bleiben darf.

Interview mit Heinrich Bergmüller, Leiter des Olympiazentrums Obertauern

Der Salzburger war zunächst jahrelang als Betreuer im ÖSV tätig und leitet nun das Sportzentrum Obertauern, in dem Hermann Maier von Beginn an trainiert hat. Nebenbei kümmert sich Bergmüller im Winter auch noch um die japanische Ski-Nationalmannschaft.

Können Sie sich noch an Ihr erstes Zusammentreffen mit Hermann Maier erinnern?

Ja, das war noch in seiner Schülerzeit. Wir hatten in Mattsee vom Salzburger Ski-Verband aus einen Konditionskurs, und da war ein Orientierungslauf angesetzt. Da sind mir damals zwei Schüler aufgefallen: Maier und Schifferer. Der Hermann ist durch seinen Ehrgeiz aufgefallen, der Schifferer ist mir in Erinnerung geblieben, weil er sich bei dem Lauf im Gebüsch versteckt hat und gewartet hat, bis die anderen die Runde absolviert haben. Als der erste zurück war, kam er heraus und ist wieder mitgelaufen. Der Hermann hat dagegen damals schon alles mit einem ungeheuren Einsatz gemacht.

Hat sich der Ehrgeiz seither verändert?

Nein, eigentlich nicht wirklich. Ehrgeiz war immer etwas, das den Hermann ausgezeichnet hat. Den Ehrgeiz hat er sich auch nach seinen Erfolgen bewahrt, so etwas legt man wahrscheinlich nicht ab.

Setzt er eigentlich immer seinen eigenen Kopf durch oder läßt er sich im Training etwas sagen?

Ich habe sehr viel mit Skifahrern zusammengearbeitet, und der Hermann ist jener Läufer, der sich am meisten von den anderen abhebt. Er ist jemand, der alles hinterfragt und sich über jeden Trainingswert seine Gedanken macht. Nach außen hin ist so eine Vorstellung entstanden, wonach er alles mit hundert Prozent macht und sich ohne Rücksicht auf Verluste über jede Piste stürzt. Tatsächlich ist er aber einer, der sich sehr viele Gedanken macht, viele Möglichkeiten durchdenkt und alles auslotet. Er läßt sich zum Beispiel im Training sehr viel Zeit, viel mehr als andere. Wenn er ein Krafttraining macht, dann dauert das nicht zwei Stunden wie bei anderen, sondern vier Stunden. Er macht viel mehr Pausen, was eigentlich positiv ist, weil er den Körper nicht überfordert. Er hat sich mit der Thematik viel beschäftigt, und er ist einer, der sich selbst weiterbildet. Ich habe es noch nie erlebt, daß ein Athlet soviel an Informationen zu seinem Training aufsaugt. Egal, ob es jetzt um die

Einzeltraining versus Training im Team

Watt-Leistung geht, die er auf dem Fahrrad gerade fährt, oder um seine Laktattests, das sind alles Dinge, die ihn unheimlich interessieren. Das ist im Skisport eher die Ausnahme. Er war auch der erste, der sich auf eine laufende Leistungsdiagnostik einließ. Es macht wenig Sinn, wenn jemand, zwei, drei Mal im Jahr zu einer Leistungsüberprüfung kommt. Um hier wirklich sinnvolle Aussagen zu machen, muß er das ganze Jahr in Betreuung sein.

Vor dem Weltcup-Auftakt 1997 fuhr er lieber zur Leistungsdiagnostik als zum Schneetraining. Ist ihm das wichtiger als alles andere im Training?

Das war damals eine ungute Situation, weil ich will ja keinen Läufer vom Schneetraining abhalten. Er hatte nach dem Trainingslager in Chile einen unheimlichen Einbruch. Die Beobachtung ist zu machen, daß viele Läufer nach dem Schneetraining in Übersee einen Einbruch haben, vor allem die jüngeren und weniger routinierten. Die älteren gehen das Training anders an, machen weniger Läufe, gönnen sich selbst mehr Pausen. Chile ist extrem gefährlich wegen der Höhe und den Witterungseinflüssen. Das ist vergleichbar mit den Leichtathleten im Winter auf Lanzarote. Da gibt es auch Sportler, die sich so übernehmen, daß sie für vier Monate platt sind.

Wie weit kann man während des laufenden Weltcups, wenn die Läufer nur noch von Rennen zu Rennen unterwegs sind, die körperliche Vorbereitung noch gezielt steuern?

Er hat den Winter über weiter trainiert, damit das körperliche Niveau auf dem gleichen Stand ist. Wir haben alle vier Wochen eine Diagnostik gemacht. Sein Niveau war immer zehn bis elf Stundenkilometer – wir machen die Diagnostik auf dem Laufband. Er trainierte auch im Winter pro Woche bis zu 600 Minuten Ausdauer.

Glauben Sie, daß er damit eine Ära im Skisport einleitet, in der die Läufer noch mehr trainieren und vor allem noch mehr auf die Leistungsdiagnostik setzen, um an das Vorbild Hermann Maier heranzukommen?

Ich glaube schon, daß das kommen wird. Wir können das sehr gut beobachten, wir haben Läufer aus Italien oder Japan hier, und wir verfolgen auch, wie anderswo trainiert wird. Eine Schweizer Rennläuferin erzählte mir im Vorjahr, daß sie während ihrer Karriere bisher eine einzige Laktatuntersuchung hatte. Das wird in Zukunft anders werden. Das Problem im Skisport ist sicher ein finanzielles.

Der Schwerpunkt ist nun einmal Skifahren, das ist logisch. Wenn ich den medizinischen Betreuungsbereich so ausbaue und für den ganzen Kader auf ein so hohes Niveau bringe, dann explodieren logischerweise die Kosten und die Budgets. Die Norweger haben vor Lillehammer unheimlich viel geforscht. Es kommt nicht von ungefähr, daß die Norweger im Alpinsport so stark waren. Dann ging ihnen das Geld aus, und nun bröckeln die Erfolge ab.

Muß Maier nach Weltcup- und Olympiasieg Probleme mit seiner Motivation erwarten?

Nein, ich glaube nicht. Er hat gegenüber anderen auch den Vorteil, daß er nie durch die internen Qualifikationsmühlen mußte. Er hat sicherlich mehr Substanz als andere in seinem Alter.

Das Jahr nach den großen Erfolgen ist im Sport immer das schwierigste – das zieht sich vom Skisport über Jan Ullrich bis zu Tiger Woods.

Hier spielt sich die Problematik auf zwei Ebenen ab: sowohl körperlich als auch mental. Im Training möchte man noch intensiver sein, dann überzieht man, und es kommt zum Einbruch. Unser Vorteil ist die ständige Kontrolle. Es läuft kein Training ab, ohne daß man weiß, was passiert. Wir haben von April bis Ende Juli 600 Laktattests gemacht, nach denen wir das Trainingspensum steuern und steigern. Andererseits stürzt nach so einem erfolgreichen Jahr unheimlich viel auf einen Sportler herein, von Sponsoren bis Medieninteresse. Da braucht er eine starke Psyche und ein gutes Umfeld, um das zu bewältigen.

V.
VON FLACHAU
NACH L. A.

Mein Flachau

Wahrscheinlich hat es sich schon bei meiner Geburt abgezeichnet, daß ich Skifahrer werde. Denn meine Eltern warteten an diesem 5. Dezember 1972, an dem ich zur Welt kam, erst einmal die Herrenabfahrt von Val-d'Isère ab; erst anschließend fuhren sie mit mir zur Hebamme ins nahegelegene Altenmarkt. Überhaupt hat Skifahren bei uns daheim immer ein große Rolle gespielt und spielt es auch heute noch. Wir alle lebten bis zu einem bestimmten Grad vom und für das Skifahren. Mein Vater lernte meine Mutter beim Silberfuchs-Rennen kennen. Sie stürzte damals und brach sich beide Unterschenkel, das ist so ziemlich das Schlimmste, das einem beim Skifahren passieren kann. Mein Vater war zufällig am Unfallort und leistete erste Hilfe.

Mit zwei oder drei Jahren bekam ich meine ersten Ski geschenkt. Es waren übrigens Atomic-Ski, vielleicht ein Zufall, vielleicht auch nicht. Kaum hatte ich die Ski, nahm mich mein Vater zum Skifahren mit. Es hätte zwar auch Babylifte gegeben, aber in seiner Meinung als Skilehrer hatte sein Bub so etwas nicht nötig. Also nahm er mich gleich auf die jetzige Weltcup-Strecke am Grießenkar mit. Es gab da nur einen Einser-Sessellift, und er nahm mich einfach mit und setzte mich drauf. Oben stellte er mich auf die Ski, und das war es auch schon. Er meinte, daß ich schon Ski fahren könne. Für ihn war die Vorstellung, daß einer nicht als Skifahrer auf die Welt kommt, undenkbar.

Das hat natürlich nicht so funktioniert, wie er es sich vorgestellt hat. Meine Mutter stand damals unten, und als wir endlich mit viel Mühe nach unten kamen, packte er mich am Anorakkragen und warf mich meiner Mutter richtig vor die Füße: „So, jetzt lernst ihm Skifahren", sagte er, und das war eher ein Befehl.

Aufgewachsen bin ich eigentlich in Flachau. Wir wohnten bei meinen Großeltern, die hatten ein Holzschlägerungsunternehmen. Das war ein ziemlich großes Haus, in dem auch fast die ganze Verwandtschaft wohnte. Dahinter war ein Hügel, auf dem wir uns selbst eine Piste zurecht richteten.

Ski fahren im klassischen Stil interessierte uns eigentlich nicht so, mehr Interesse war schon für das Skispringen vorhanden. Ich war damals leider der Jüngste, darum traute ich mich nicht so zu springen. Bei der Olympia-Abfahrt habe ich es dann allen gezeigt, daß ich auch Skifliegen kann.

Damals fehlte uns das richtige Material. Wir sprangen erst mit Alpinskiern, das war natürlich nicht das richtige. Dann probierten wir es mit Langlaufskiern, doch die gingen sofort zu Bruch. Es folgte die vermeintliche Lösung: Wir nahmen die Langlaufbindungen und schraubten sie auf die Alpinski. Damit hatten wir Ski mit einer Schnabelbindung, doch das war verdammt gefährlich. Meistens sprangen wir noch dazu mit den weichen Langlaufschuhen. Da gab es wirklich wilde Stürze, an die möchte ich lieber gar nicht mehr denken.

Mit acht Jahren konnten wir dann selbst mit dem Lift fahren. Wir kamen allerdings noch nicht auf den Lift hinauf, da mußte uns der Liftwart hinauf heben. Das gefiel mir nicht so gut, darum fuhr ich lieber mit Schleppliften. Die Pisten interessierten uns überhaupt nicht, für uns zählten nur Waldwege. Je verwinkelter und versteckter es durch den Wald ging, desto besser. Damals erschien mir Skifahren auf präparierten Pisten fast komisch. Immerhin war doch Skifahren ein Abenteuersport.

Meine Volksschulzeit war, rückblickend, sehr prägend für mich. Es gab zwei Volksschulen, eine in Reitdorf und eine in Flachau. Ich ging in Reitdorf zur Schule. Das war eine recht wilde Zeit, wir kamen selten mit dem gleichen Gewand wieder heim, mit dem wir in der Früh in die Schule geschickt worden waren. Da gab es auch die verschiedenen Cliquen, die von Schaschlhof und wir von Reitdorf. Die zwei Gruppen kamen nicht so recht miteinander aus, da ging es schon im Unterricht wüst zu. Wir wärmten uns sozusagen für die Streiche am Nachmittag auf.

Als Schüler war ich übrigens sehr ehrgeizig. Das schlug sich nicht so sehr in den Noten nieder, mehr in meinem Einsatz. Es war wohl ein Abbild meines späteren Lebens. Ich war ehrgeizig und hatte immer meinen eigenen Kopf und meine eigenen Ansichten – manchmal zum Leidwesen anderer. Ich hatte zu allen Dingen meine eigene Meinung, und die teilte ich auch immer sofort mit. Das war aber nicht so gefragt in der Schule, da gab es anfangs einige Probleme.

Aber in der Volksschulzeit habe ich, rückblickend, meine besten Freunde kennengelernt, mit denen mache ich heute noch vieles gemeinsam. Die Volksschulzeit prägte uns für das weitere Leben, mehr als die anderen Schuljahre. Auch wenn es damals Probleme gab, wir standen immer für den anderen ein. Egal ob wir beim Zelten die Leute aus den Appartementhäusern läuteten oder vom Grillfest ein Hendl stahlen, es waren immer wir alle, anstatt einen im Stich zu lassen. Nach der Volksschule endete die Kindheit fast schon. Wir wollten alle Skirennläufer werden, es ging nur noch um Kaderqualifikationen und um Rennen dort und da. Ich ging dann weiter auf die Ski-Handelsschule Schladming, die ich aber wegen meiner Wachstumsprobleme abbrechen mußte.

Zu diesem Zeitpunkt war die Entwicklung zum Skifahrer bei den einzelnen schon ziemlich weit gediehen. Jeder hatte seine Kaderqualifikation vor Augen. Jeder ging auf eine andere Schule, aber jeder hatte daneben nur Skifahren im Kopf. Viele aus der Zeit sah ich erst bei der Skilehrerausbildung wieder. Es war eine ziemlich abrupte Veränderung, die da einsetzte und die wir alle gar nicht so recht mitbekamen.

Im Sommer bestimmte noch das Fußballspielen unser Leben oder zumindest unsere Freizeit. Ursprünglich wollte ich ja schon mit sieben Jahren mit dem Fußballspielen anfangen, nur gab es in Flachau bedauerlicherweise keine Miniknaben-Mannschaft. So begannen wir alle erst mit zehn, elf Jahren mit dem Fußballspielen. Das wirkte sich nicht unbedingt positiv auf meine Technik aus. Wer weiß, wie sich das alles entwickelt hätte, wenn es damals schon eine Miniknaben-Mannschaft in Flachau gegeben hätte …

Ich spielte im Mittelfeld und im Sturm, wobei meine Position gar nicht so wichtig war, denn ich spielte ohnehin nie einen Ball ab. Ich war wie immer zu ehrgeizig und wahnsinnig eigensinnig. Meistens bekam ich den Ball an der Mittellinie und lief alleine in Richtung des gegnerischen Tores los. Auf Mitspieler achtete ich in dieser Situation prinzipiell nie, die sah ich auch überhaupt nicht. Manchmal erzielte ich sogar einige Tore in einem Spiel, weil schnell und kräftig war ich ja. Nur mit der Technik funktionierte es nicht so. Meine Spielauffassung paßte den Mitspielern verständlicherweise nicht so ganz. Oft begann der unausweichliche Streit schon während des Spiels, aber hinterher war alles wieder vergessen. Die Erkenntnis, die ich in diesen Tagen erlangen konnte: Wahrscheinlich bin ich besser in einem Einzelsport wie dem Skifahren aufgehoben als in einem Mannschaftssport. Fußball spiele ich heute fast nicht mehr; wenn ich Zeit habe, schaue ich bei den Heimspielen von Austria Salzburg vorbei. Die habe ich schon im Europacup unterstützt, da sind wir zu den entscheidenden Spielen bis nach Wien gefahren. Als die Klubführung das erfuhr, hat sie mich nach Nagano zum Ehrenmitglied auf Lebenszeit gemacht.

Einige Zeit später dachte ich über einen Einstieg in eine andere Sportart nach. Als echter Motorradfan wollte ich unbedingt mit meinem Motorrad auch rennmäßig mitmischen. Wenn am Salzburgring die Superbike-Rennen stattfanden, war ich ab Freitag schon dort. Ich sah mir alle Trainingsläufe an und sonntags das Rennen, und daheim übte ich dann die Schräglagen. Nicht ganz so wild wie die Motorradprofis, aber auch schon wild genug. Die Typen haben mir damals unheimlich imponiert, und sie faszinieren mich auch heute noch. Als es mit dem Skisport nicht so lief, dachte ich mir eines Tages: Dann wirst du eben Motorradfahrer. Ich stellte es mir zumindest leichter vor.

Mit 16 Jahren begann ich meine Maurerlehre, daneben spielte sich eigentlich nur noch wenig mit Sport ab. Das ist eigentlich unglaublich, denn gerade in dieser Phase kann man im Training, im Ausdauerbereich und in der Technik noch unheimlich viel korrigieren und aufbauen. Aber bei mir lief auch das ganz anders ab.

Zu der Zeit lernte ich meine Freundin Petra kennen. Sie kam ursprünglich aus der Stadt Salzburg, aber sie ist dann mit ihren Eltern nach Mandling gezogen und besuchte in Bischofshofen die Kindergärtnerinnenschule. Wir lernten uns in Bischofshofen bei einem Geburtstagsfest kennen. Am Anfang erzählte ich ihr noch nichts von meinem Traumberuf als Rennläufer. Später sagte ich dann einmal, daß ich im Winter wenig zu Hause sei, weil ich Rennen fahren würde. Das nahm sie vielleicht gar nicht so ernst.

Zum dem Zeitpunkt war es ja noch mehr Wunschvorstellung als Realität. Gleichzeitig mußte ich ihr auch einige Male erklären, warum ich nicht im Kader war, aber das verstand sie nie so genau. Im Grunde genommen verstand ich es ja selbst auch nicht, aber ich hatte wenigstens meine Erklärungen dafür.

Als es dann richtig losging, merkten wir beide erst, wie schwierig eine Beziehung in so einem Umfeld zu führen ist. Entweder bin ich auf Trainingslager oder im Winter permanent unterwegs. Und wenn ich in Flachau bin, fahre ich täglich nach Obertauern, um zu trainieren. Wir sehen uns oft nur am Abend, wenn ich vom Training heimkomme. Sie hat mir zwar nie Vorwürfe gemacht oder gesagt, sie wolle, daß ich mehr zu Hause sei. Aber auch wenn man weiß, daß dies jetzt der Beruf des anderen ist und man dafür Verständnis haben sollte, dann muß man trotzdem erst einmal damit umgehen lernen. Es ist wahrscheinlich leichter zu wissen, daß ich den ganzen Winter über weg sein würde. Schwieriger sind dann die Tage, wenn die Petra im Winter am Abend heimkommt und tatsächlich niemand da ist. Dann ist das Verständnis gefragt, das man vorher zu haben glaubt.

Das ist vielleicht der Grund, warum wir noch nie über das Heiraten gesprochen haben. Grundsätzlich möchte ich schon heiraten, aber in meinem derzeitigen Leben zwischen Trainingslager und Weltcup stellt sich die Frage nicht aktuell.

Wegbegleiter auf dem Weg zum Skifahrer gab es einige, aber einer beeinflußte mich vielleicht noch ein bißchen mehr als die anderen. Das war der Huber Schorsch. Der hatte in Flachauwinkel ein Wirtshaus, den Heustadl, und dahinter einen Skihang mit einer Zeitmeßstrecke. Der Hang wurde meine permanente „Trainingsstrecke", da war ich im Winter täglich trainieren. Er konnte es nie verstehen, warum ich nicht im Team war. Er wollte oft mit mir darüber sprechen, und er begann auch immer wieder Diskussionen. Ich wollte nicht darüber reden. Eines Tages sagte ich zu ihm, daß ich eben noch nicht einberufen worden sei und daß alles seine Zeit brauche. „Schorsch", sagte ich eines Tages, „irgendwann werden sie schon zu mir kommen, sie können mich nicht für immer vergessen." Ich war mir zwar dessen nicht so sicher, und er blickte mich recht fragend an. Es war weder eine plausible noch eine schlüssige Erklärung, aber wir wußten, daß es so war. Somit diskutierten wir dann auch nicht mehr weiter über dieses Thema.

Bei ihm fand ich die besten Möglichkeiten vor, vor allem den Hang in der Nähe der Skischule meiner Eltern, wo ich ja auch als Skilehrer arbeitete. Darum war es mir zeitlich erst möglich, zwischendurch oder vor dem Skikurs noch auf den Hang zu fahren. Ich steckte mir meistens selbst einen Riesentorlaufkurs, und damit es schneller ging, borgte er mir dafür seinen Skidoo. Die ganze Sache hatte nur einen Haken: Der Skidoo hatte keine Bremsen. Solange noch Leute auf dem Hang waren, ließ ich daher das Gerät lieber stehen. So fuhr ich meistens in der Früh hinauf, trainierte meinen Riesentorlauf, ehe ich zur Arbeit als Skilehrer ging. Am Abend mußte ich dann den Skidoo wieder zum Wirtshaus zurückbringen. Da rauschte ich wie auf einer Rodel zu Tal.

Als ich nach den ersten Europacup-Rennen heimkam, war er wie die meisten in Flachau ziemlich begeistert. Eigentlich sogar mehr als nach meinem Olympiasieg. Vielleicht war der Olympiasieg für den Huber Schorsch und meine Freunde nur mehr die logische Konsequenz daraus. Damals aber gelang mir der größte Schritt, nämlich jener ins Team.

Zu der Zeit war es für mich noch unvorstellbar, daß ich eines Tages vielleicht als prominenter Sportler auf der Straße erkannt werde. Irgendwie fühlt man sich beim ersten Mal noch richtig geschmeichelt, wenn es passiert. Als ich dann von meinem ersten Sieg in Garmisch-Partenkirchen heimkam, passierte es mir zum ersten Mal, daß mich jemand ansprach. Ich war in Salzburg in einem Geschäft und wollte mir eine Lederjacke kaufen. Da kam einer direkt auf mich zu und fragte mich ganz offen, ob ich nicht der Hermann Maier sei, der kürzlich in Garmisch gewonnen hatte. Das war ein gutes Gefühl, das mir in dem Moment richtig Spaß machte.

Mittlerweile hat sich das zum Teil geändert. Meistens werde ich in Ruhe gelassen, man merkt aber, wie die Leute tuscheln und hersehen. Nach dem Olympiasieg ist es ganz arg geworden. Für mich ist es selbstverständlich, daß ich Autogramme schreibe und mich mit Fans fotografieren lasse. Was ich aber nicht verstehe und was mir nicht behagt, ist die fordernde Haltung vieler Leute. Die fragen nicht um ein Autogramm, sondern sagen: „Da kommst jetzt her und unterschreibst, und da laßt dich jetzt fotografieren." Das Wort „Bitte" ist heutzutage scheinbar nicht mehr in Mode.

Bei einem Empfang in Wien passierte es mir, daß ich zum Büffet wollte. Ich hatte Riesenhunger, weil ich sehr knapp vorher aus Salzburg angereist war. Es war mir fast eine Stunde lang nicht möglich, mir überhaupt einen Teller zu holen, weil jeder etwas von mir wollte. Als der letzte sein Foto im Kasten hatte, war das Büffet natürlich abgeräumt. Ich beschwere mich nicht, daß ich um ein Abendessen umgefallen bin, aber es gibt kaum eine Distanz oder einen Respekt vor deiner Privatsphäre. Wenn dich jemand um ein Autogramm bittet, ist es die natürlichste Sache der Welt, daß ich es gebe. Aber oft leiten Personen aus dem Umstand, daß du in der Öffentlichkeit stehst, ab, daß du jederzeit für alles herhalten mußt. Du bist scheinbar ein Stück öffentliches Gut, mit dem sich jeder fotografieren lassen darf und der jedem die Hand schüttelt. Viele verstehen es nicht, wenn man sich da abgrenzen möchte. Wenn ich alleine unterwegs bin, ist es noch leichter. Aber wenn ich am Abend einmal mit der Petra oder einem Freund weggehen möchte, wird das ganz schön nervig.

Leider habe ich es auch oft erlebt, daß dich die Leute einfach beinhart ausnutzen wollen. Die stecken dir irgendetwas in die Hand, eine Broschüre oder ein Poster oder ein Heft, drängen sich neben dich, und einige Zeit später siehst du ganz überrascht, wofür du alles Werbung machst. Damit ist dann der Punkt erreicht, an dem ich sauer werde. Ansonsten freue ich mich über jeden Fan, der zu einem Rennen kommt, und über jeden, der ein Autogramm haben will. Ich stehe nun einmal in der Öffentlichkeit und muß damit umgehen. Das ist ja nichts Schlechtes.

Die Petra bewunderte und bedauerte mich da zeitweise. Nach dem Olympiasieg dauerte es immerhin zwei Monate, bis ich zum ersten Mal sagte: Jetzt langt es. Denn eigentlich ist es ja ein schönes Gefühl, wenn man populär ist – und ich bin ja noch nicht so lange populär. Das mag wohl mit ein Grund sein, warum ich immer noch soviel Geduld aufbringe.

Am meisten Ruhe habe ich noch bei uns daheim. Da kennt mich jeder, da weiß jeder, wie ich bin, und daher kann ich jederzeit ins Wirtshaus gehen, ohne daß mich die Leute anstarren. Wenn mich da einer auf ein kleines Bier einladen will, weiß ich, daß er das macht, weil er sich über meine Erfolge freut oder weil es ihm gefällt, daß einer aus Flachau den Weltcup gewonnen hat. Jedenfalls weiß ich, daß er nicht mir ins Geschäft kommen oder etwas von mir haben will.

Leider ist in Österreich auch sehr viel Neid und Mißgunst mit der öffentlichen Anerkennung verbunden. In Amerika zählt ein Sportler erst, wenn er ein paar Millionen verdient hat. Ich kann nur von mir ausgehen, wie es früher zum Beispiel bei der Arbeit war. Da dachte ich mir auch manchmal: Der macht ja viel weniger als ich und verdient viel mehr. Aber man braucht nicht auf andere schauen, das kann sich jeder selbst richten.

Ich war nie neidig auf die Millionen, die der Alberto Tomba verdient hat. Denn er hat es bis an diesen Punkt geschafft, und da braucht man keine Neidgefühle oder Komplexe aufkommen lassen. In Österreich ist dieser offene Umgang mit Geld und Einkommen oft sehr schwierig. Da kommt, wie gesagt, bei vielen ein Neidkomplex dazu. Wenn in den USA ein Golfturnier nicht mit mehreren Hunderttausend Dollar dotiert ist und der Sieger den Scheck nicht in aller Öffentlichkeit erhält, dann haben Turnier und der Sieger gar keinen Stellenwert. In Europa ist das leider ganz anders.

Dennoch wurde ich seit meinem Olympiasieg oft nach meiner Einstellung zu Geld befragt. Die Antwort darauf ist simpel: Geld bedeutet mir nicht viel. Das kann ich deswegen recht leicht behaupten, weil ich früher ja auch nicht soviel Geld verdient habe. Da wußte ich genau, wieviel man im sogenannten normalen Leben arbeiten muß, um zehntausend Schilling zu verdienen.

Ein weiteres Argument dafür ist meine Freundin. Die behauptet ja auch immer, ich sei geizig. Gut, ich gebe vielleicht das Geld nicht so leicht aus. Wenn ich früher einkaufen gegangen bin und mir drei Stücke gefallen haben, dann habe ich mir auch drei Stücke gekauft, weil ich einfach Spaß daran hatte. Das war zwar nur zwei, drei Mal im Jahr, denn öfter konnte ich mir das nicht leisten. Daran hat sich nichts geändert. Ich kaufe mir, was ich brauche. Zu Weihnachten war eine Radlerhose mein Wunsch, weil die alte durchgewetzt war. Ich brauche nicht fünf verschiedene Radlerhosen, sondern eine bequeme, und so halte ich es auch mit anderen Dingen im Leben.

Heimspiel mit Doppelsieg in Schladming

Vorhergehende Doppelseite: Hermanns Sprungverhalten –
für seine Trainer die letzte Schwäche

Bild oben: Der Fanclub begleitet Hermann mit dem Schweinchen –
mittlerweile wie der Name Hermann Maier ein eingetragenes
Markenzeichen – zu allen Rennen
Bild unten: In Schladming nach dem Doppelsieg

Willkommen daheim!

Nächste Seite: Die Ausbeute eines Winters – zwei Olympia-Goldmedaillen, die große Kristallkugel für den Gesamt-Weltcup und je eine Kristallkugel für den Weltcupsieg aus Super G sowie Riesentorlauf

Der einzige Unterschied ist, daß ich heute ein Stammkapital habe, um beruhigter leben zu können. Aber mehr Geld gebe ich deswegen auch nicht aus. Es kommt wohl auch darauf an, was jeder braucht. Ich weiß nicht einmal genau, wieviel ich im Olympia-Winter mit den zwei Goldmedaillen verdient habe, aber ich kann mir vorstellen, daß ich mit dem Geld mein ganzes Leben lang auskommen könnte, weil sich meine Ansprüche nicht verändert haben. Ich fahre nicht auf Urlaub, ich kaufe mir keine teuren Autos, und im Spielcasino war ich nur einmal, als ich als Salzburger Sportler des Jahres geehrt wurde.

Manchmal kommt in mir aber ein richtig brennendes Gefühl auf, ob überhaupt alles mit rechten Dingen zugeht oder in der Vergangenheit zuging. Dann kontrolliere ich alles, von früher bis heute, alle Ausgaben und Einnahmen. Darum war es für mich auch sehr schwierig, als ich mich nach dem Olympia-Winter auf die Suche nach einem Berater machte. Das heißt ja heute immer gleich Manager, aber ich bin ja kein Unternehmen mit 400 Angestellten, das einen Manager braucht. Ich war immer alleine auf mich gestellt und kümmerte mich um alles – vom Präparieren der Ski bis zu den Finanzen. Jetzt einem anderen die Finanzen komplett zu übergeben, das ist schwierig. Zudem brauche ich recht lange, bis ich einem Menschen so voll vertraue. Da lebt zuviel Mißtrauen in mir mit.

Nach dem Winter vereinbarten wir, daß ich durch Peter Schröcksnadel, der erfolgreicher Unternehmer und Präsident des Österreichischen Ski-Verbandes ist, vermarktet und betreut werde. Wenn eine andere Managementgruppe eine gute Idee hat, binden wir diese ein, die kann dann natürlich mitverdienen. Das ist aus meiner Sicht derzeit die beste Lösung, denn ich bin nicht an einen Manager gebunden, sondern frei für mehrere Ideen, Vorschläge und Wege.

Wirtschaftlich hatten wir es nie leicht, meine Eltern hatten früh geheiratet und das Haus gebaut. Mein Vater arbeitete im Sommer bei seinem Vater in einem Werk für Betonplatten und Naturstein. Unsere finanzielle Lage war nicht unbedingt die beste. Das merkte ich, als ich dann im Kader war. Die anderen hatten viel Taschengeld mit, ich nichts. Meine Eltern bemühten sich, aber es war eben nicht viel da. Ein weiterer Unterschied im Kader war auch das Material: Die anderen hatten meist die neueste Ausrüstung. Ich wollte aber nicht betteln, lieber hätte ich gar nichts gehabt.

Früher hatte man ein Paar Ski, heute fährt jeder von klein auf schon zwei Paar Ski mit allen Zusätzen. Der Alois Rohrmoser schaute noch darauf, daß die Kinder und Jugendlichen ordentlich unterstützt wurden. Er war der große Onkel im Skisport. Ich kannte den Rohrmoser persönlich fast gar nicht, aber an eine Episode kann ich mich noch gut erinnern: Einmal fuhren wir mit Skateboards herum, am Auto hinten angehängt. Da kam er uns gerade mit seinem Auto entgegen, blieb stehen und zeigte uns, was er im Kofferraum hatte: Inline Skates. Uns war das damals völlig unbekannt, das war mittlerweile der neueste Hit bei Koflach. Er hätte sie uns sofort geschenkt, mitten auf der Straße drückte er sie uns in die Hände – aber leider paßten sie uns nicht. Er lud uns ein, vorbeizukommen und uns neue Inline Skates abzuholen, aber das haben wir dann nie gemacht. Wir wollten uns nicht anbiedern oder schnorren gehen.

Ein, zwei Jahre später war ich einmal in der Werkstätte bei Atomic, weil mein Onkel dort Maschinenschlosser war. Wir schweißten gerade für den Krampuslauf aus alten VW-Lichtern Schellen zusammen, da begegnete ich dem Rohrmoser: „Schau an, der Maier Hermann", sagte er. Mich wunderte es, daß er mich überhaupt kannte, aber es war mir natürlich eine besondere Ehre, daß er meinen Namen wußte. So war er: Er kannte jeden im Skisport, ob er nun im Kader war oder nicht. Er hatte immer für den Skisport gelebt und für jeden Sportler ein offenes Ohr gehabt.

Wie ich schon erwähnt habe, war bei uns daheim das Geld eher knapp. Wir fuhren nur selten auf Urlaub. Einmal waren wir in Kärnten, da hatte mein Vater, glaube ich, einen Toto-Zwölfer gemacht. Daraufhin fuhren wir an den Millstätter See. Ich war noch ziemlich klein, kann mich aber noch genau erinnern. War das ein Vergnügen: jeden Tag Eis.

Das mit dem Urlaub hat sich bis heute nicht geändert. Ich habe eigentlich erst einen einzigen Urlaub gemacht: Im Jahr 1995 war die Petra in Florida als Au-pair beschäftigt, und ich war ausgelernt. Da dachte ich, Amerika kennst du eh noch nicht, und flog hinüber. Wir fuhren auch ziemlich viel herum, wir waren in Delray Beach, Miami, Orlando und Key West. Mir war es zu heiß, obwohl es erst April war. Bei diesem Urlaub wollte ich mir einiges gönnen, also lieh ich ein Ford Mustang Cabrio aus. Das war ein perfekter Spaß. Es war auch toll, weil es in den USA so viele Freizeitaktivitäten gibt: Ich fuhr daneben noch mit einer Enduro-Maschine oder zum Beispiel mit dem Jet-Ski. Ich bin nicht der Typ, der drei Wochen am Strand liegt, da bin ich nach zwei Tagen schon fertig.

Mit den Eltern haben wir zwar nicht so viele Urlaube gemacht, aber dafür meistens am Wochenende eine Runde mit dem Auto: nach Bad Aussee, Altaussee, Kleinarl oder zu einem See, in einen Wildtierpark oder Tiergarten. Gerade die Tierparks haben uns immer viel Spaß gemacht.

Mein Verhältnis zu meinem jüngeren Bruder läßt sich recht einfach beschreiben: Ich war der Wilde und Ehrgeizige, er war eher das Gegenteil. Wir haben viel gemeinsam gemacht, aber er war nie so ehrgeizig wie ich. Ich konnte nie verlieren, ihm war das meistens egal. Das machte mich ganz krank, wenn wir zum Beispiel miteinander Fußball spielten. Es gab Zeiten, da krachten wir in der Woche dreimal zusammen. Mir kommt vor, daß uns das irgendwie zusammengeschweißt hat. Mit dem kleinen Bruder ist man oft ungerecht, bei dem rastet man am ehesten aus. Aber das hat einfach dazugehört.

Es war für meine Mutter eine schwierige Situation: Der Vater war, wie in den meisten Familien, arbeiten, und sie hatte uns am Hals. Sportlich waren wir beide gleichgesinnt, beide spielten wir Fußball, beide gingen wir Ski fahren. Wir steckten eben den ganzen Tag zusammen, von der Früh bis zum Schlafengehen.

Im Winter war natürlich sehr wenig Zeit für uns. Wir gingen vom Kindergarten direkt zu meinen Großeltern. Als wir älter waren, gingen wir nicht mehr zur Großmutter, sondern auf die Skipiste. Wir fuhren solange Ski, bis die Eltern mit ihrem Skischulprogramm fertig waren.

Ab der Hauptschule war es dann schon schwieriger. Erst ging ich in die Hauptschule in Altenmarkt, da mußte ich oft zu Fuß hin marschieren. Dann kamen wir nicht mehr rechtzeitig zum Lift, und so begann die große Zeit des Schanzenspringens.

Weil mein Vater im Sommer bei seinem Vater arbeitete, kam er oft sehr spät nach Hause, wie das eben in einem Familienbetrieb oft ist, und so mußte sich die Mutter mit uns herumschlagen. Weil wir fast gleich alt waren, glaube ich, daß es für die Eltern besonders schwer war mit uns. Entweder wir fuhren Radrennen rund ums Haus oder wir schossen die Blumen ab. Der Rasen vor unserem Haus war damals nie besonders schön, das hat sich erst in den letzten Jahren geändert. Wir sind in der Natur aufgewachsen, und das möchte ich auf keinen Fall missen.

Hermann –
wie ihn die anderen sehen

Toni Giger ist seit dem Weltcup-Einstieg Maiers Trainer im Ski-Verband. Der 35jährige Salzburger Mathematiker, selbst vielfacher Leichtathletik-Landesmeister in Weitsprung, Hochsprung (Bestmarke 2,01 m) und diversen Sprintbewerben, sah Maier das erste Mal 1995 bei den österreichischen Meisterschaften auf dem Semmering. „Wir haben gewußt, daß hier ein Talent heranwächst. Das ist kein später Erklärungsversuch, sondern darin begründet, daß wir natürlich die Ergebnisse sämtlicher FIS-Rennen oder Landesmeisterschaften auch sehr genau ansehen. Da fällt einem logischerweise ein neuer Name sofort auf."

Der neue Mann hieß Hermann Maier. Giger verfolgte die Ergebnisse seines Salzburger Landsmannes bereits über einen längeren Zeitraum. „1994 waren seine Leistungen noch unauffällig, 1995 kam der markante Schritt nach vorne." Wie würde Toni Giger Hermann Maiers Porträt zeichnen?

„Seine Stärken: Seine unglaubliche Schnellkraft und sein unbezwingbares Selbstvertrauen. Mit dieser Schnellkraft wäre er mit Sicherheit auch ein guter Leichtathlet geworden. So eine besondere und natürliche Schnellkraft habe ich im Weltcup sonst nur bei Marc Girardelli und Alberto Tomba gesehen. Es ist ein riesengroßer Vorteil, wenn du hier im Training auf einem anderen Niveau ansetzen kannst. Und dann natürlich sein Selbstvertrauen. Es gibt kaum einen Fahrer, der so von sich überzeugt ist wie er. Der Weg in das Team war für ihn nicht leicht. Daß er es trotz aller Widerstände geschafft hat und jetzt erfolgreich ist, das macht ihn so stark. Das hat auch noch eine zweite Wirkung: Er hat für sich die innere Wahrheit gefunden. Er weiß, daß ihm der Einstieg nicht leicht gemacht worden ist, daß er es trotzdem geschafft hat und daß er nicht zu stoppen ist. Ich erinnere mich noch gut an seinen Einstieg in die Weltcup-Saison 1996/97. Beim ersten Rennen in Sölden ist er hin-

ausgeflogen, beim zweiten Riesentorlauf in Park City hätte er einfach nur Punkte machen müssen, damit er eine bessere Startnummer erhält. Er ist Sechster geworden, das war für uns alle eine erfreuliche Überraschung, und wir haben ihm gratuliert. Er war ja schließlich noch ziemlich jung im Team. Es war erst sein vierter Riesentorlauf, und die Ergebnisse bisher waren Rang 26 beim Einstieg in Hinterstoder, und dann folgten zwei Ausfälle. Ich bemerkte, daß er sich nicht so recht darüber freuen kann, obwohl es seine beste Plazierung im Riesentorlauf überhaupt war. Am Abend ist er dann zu mir aufs Zimmer gekommen. ‚Was ist da los, Toni', fragte er mich mit einem ärgerlichen Unterton, ‚warum habe ich dieses Rennen nicht gewonnen?' Ich versuchte ihm zu erklären, daß ein sechster Rang im vierten Rennen eine großartige Plazierung sei, daß ihn dies nun in der Weltrangliste nach vorne bringen würde. Aber er ließ sich das nicht erklären, er war fast verzweifelt: ‚Wie kann es sein, wie gibt es das, daß ich diesen Lauf nicht gewonnen habe?' fragte er mich ständig.

Was für mich seine Schwächen sind? Nun, es mag komisch klingen, aber bei ihm ist eine Schwäche, daß er keine Angst kennt. Er war noch nie verletzt, er hat in kritischen Situationen immer viel Glück gehabt. Bei seinem Sieg in Wengen war der Sprung am Hundschopf hart an der Grenze. Wenn er da noch einige Meter weiter hinaus springt, dann kommt er im Flachstück auf, und wenn er da Pech hat, dann ist das Knie kaputt. Es hat schon einige Szenen gegeben, wo uns Trainern der Atem stillgestanden ist. Von seinem Sturz bei der Olympia-Abfahrt in Hakuba möchte ich erst gar nicht reden, das war eine eigene Dimension. Für andere Läufer kann nach so einem Sturz die Saison vorbei sein, und er feierte drei Tage später seinen ersten Olympiasieg. Das freut mich natürlich, aber es macht es uns Trainern auch schwierig, ihm die Gefahr zu erklären. Er stürzt, steht auf und gewinnt zwei Tage später Gold. Ich hoffe, es geht immer so gut aus.

Gerade bei den Sprüngen muß er sich noch verbessern, aber das ist großteils eine Erfahrungssache. Die meisten Läufer absolvieren schon im Jugendbereich oder im Europacup Abfahrten, bei denen sie sich an die Geschwindigkeit und die Weite der Sprünge gewöhnen. Ihm fehlt diese Lehrzeit. Er muß jetzt erst alles nachholen – und vor allem: Er muß es bei den Klassikern nachholen, nicht in normalen Abfahrten. Nur: Wenn du in Kitzbühel zuviel riskierst, dann gibt es kein Ausweichen mehr, dann fliegst du in die Netze.

Im ÖSV war er von Beginn an akzeptiert. Menschlich gab es nie Probleme. Schwieriger war es da schon bei den Trainings-

kursen. Wenn wir beispielsweise Abfahrt trainieren, dann müssen die Läufer vorher beim Präparieren der Piste mithelfen, sie müssen zum Beispiel die Strecke rutschen. Dazu müssen sie aber pünktlich am vereinbarten Ort sein, das ist auch klar. Wo der Hermann da die ersten Male war, kann sich wohl jeder vorstellen. Das hat zu Spannungen geführt, weil doch kein Läufer für den anderen, der letztlich sein direkter Konkurrent ist, die Piste präpariert. Das hat er aber bald verstanden.

Über den Sportler Hermann Maier würde ich sagen: Er ist einfach ein intuitiver Mensch. Er macht die verschiedensten Sachen einfach intuitiv richtig, auch wenn wir andere Sportarten ausprobieren oder neue Übungen machen. Gleichzeitig ist er aber auch ungemein kopfbetont: Wenn du ihm vernünftig erklären kannst, daß eine andere Linie die schnellere ist, dann fährt er die ab dem nächsten Lauf. Ich habe das immer mit Videoanalysen gemacht. Wir haben den Bildschirm geteilt, und auf der einen Seite ist der betreffende Fahrer zu sehen, auf der anderen Seite ein Läufer, der die jeweilige Passage besser nimmt. So sieht man am augenscheinlichsten den Unterschied, so brauchst du den Läufern nicht mehr viel zu erklären. Diese Erkenntnisse nimmt er sehr bereitwillig auf. Am meisten haben wir mit Hermann dabei wahrscheinlich am Gleiten gearbeitet. Das ist vielleicht auch eine Schwäche von ihm, die er aber ganz gut in den Griff bekommen hat Der Hermann geht nie zu schnell in die Tore. Das heißt, er fährt so lange ein, bis er das richtige Gefühl hat. Die meisten Läufer machen den Fehler, daß sie zu schnell in die Tore gehen, wie wir Trainer sagen. Viele haben Angst, daß die Piste dann kaputt oder schon schlecht ist. Die sehen den Einfahrkurs und müssen sofort durch die Tore. Der Hermann läßt sich von diesen Dingen nicht treiben. Das ist gerade dann wichtig, wenn man etwas Neues umzusetzen versucht. Da muß man so lange frei fahren, bis man die Veränderung halbwegs beherrscht. Hat man das noch nicht im Griff, greift man zwischen den Toren automatisch wieder auf seine gewohnte Fahrweise zurück. Genau das wollen wir aber verhindern."

Selbstbewußt, aber auch nachdenklich – so wird Hermann Maier von jenem Mann im Weltcup-Zirkus beschrieben, der ihn vielleicht am besten kennt und der sicher die meiste Zeit mit ihm verbringt: Die Rede ist von seinem Zimmerkollegen Andreas Schifferer. Der Radstädter kennt Maier schon vom Nachwuchskader her. „Wir waren gemeinsam im Salzburger Landeskader. Aber dann trennten sich unsere Wege, und ich verlor ihn etwas aus den Augen.

Er war damals schon ein riesengroßes Talent, aber er war immer recht zart und schmal." Nach einigen Jahren hörte er plötzlich wieder von seinem ehemaligen Teamkameraden: „Erst hörten wir, daß er bei den FIS-Rennen gut fährt, dann hörten wir, daß er bei den Meisterschaften gut gefahren sei, dann hörten wir, daß er auch im Europacup gewinnt, und plötzlich war er im Weltcup da."
Im Weltcup ergab sich gleich die Zimmerpaarung mit Schifferer und Maier. „Es hat sich einfach so ergeben. Ich war zunächst mit dem Pepi Strobl im Zimmer, aber irgendwie hat das nicht so gepaßt. Der Strobl ist dann zum Hans Knauss übersiedelt, und so war bei mir ein Platz frei. Daher bekam ich wohl den Hermann als Zimmerpartner. Wir haben es uns nicht ausgesucht."
Ist der Zimmerkollege wirklich die erste Ansprechstelle und Bezugsperson oder wird das überschätzt? „Die erste Ansprechstelle ist er nicht grundsätzlich, aber bevor ich zu den Trainern gehe, spreche ich mich mit dem Zimmerpartner aus. Wenn man nach einem Rennen oder Training unzufrieden ist, dann hilft es meistens schon, wenn man darüber reden kann. Das geht dem Hermann, glaube ich, genauso. Wenn er einen schlechten Tag oder einen schlechten Lauf hinter sich hat, dann ist er unglaublich grantig. Im letzten Winter natürlich nicht, weil da ist ihm ja alles gelungen. Aber vorher war es zum Teil auch ganz anders. Als es zum Beispiel nach dem ersten Sieg in Garmisch-Partenkirchen nicht gleich mit den nächsten Siegen weiterging."

Was würde Andreas Schifferer als Hermann Maiers Stärken bezeichnen?
„Er hat alles so selbstsicher gemacht. Das war teilweise wirklich verblüffend. Er kannte ja die Strecken zum Großteil gar nicht. Aber er hat nie nach irgendetwas gefragt. Es hat immer so ausgesehen, als würde er sich überall total gut auskennen, als hätte er alles im Griff. Mich hat das am Anfang wirklich erstaunt. Ich hätte es mir oft gewünscht, daß ich auch so ein Selbstvertrauen und eine Selbstsicherheit habe wie er.
In all dieser Zeit gab es nur einen Punkt, an dem ich ihn anders erlebte. Es war am Tag vor der Olympia-Abfahrt in Hakuba. Plötzlich sagte er: Entweder gewinne ich morgen, oder es schmeißt mich furchtbar. Es war so eine komische Aussage, es paßte so überhaupt nicht zu ihm. Ich hab das erst gar nicht beachtet. Aber er hat noch ein- oder zweimal so eine Anspielung gemacht. Hoffentlich fliege ich morgen nicht, meinte er auch noch am Abend. Ich sagte nie etwas dazu. Als er am nächsten Tag tatsächlich stürzte, war ich gar nicht überrascht. Ich stand oben und wußte: Er hat es

gespürt. Das mag jetzt arg klingen, aber es war so."

In Medien wird das Bild vom Draufgänger Hermann Maier gezeichnet. Stimmt das für seinen Zimmerkollegen auch?

"Die Medien sind ein unglaublicher Filter. Die lassen immer nur einen Teil von dir hinüber. Das ist bei ihm genauso. Wenn du erst einmal den Ruf des Draufgängers hast, dann kriegst du den auch nicht mehr los. Ich würde ihn eher als nachdenklich und als akribischen Arbeiter beschreiben, nicht als den wilden Hund, dem alles in den Schoß fällt. Er hat für alles hart gearbeitet. Und er hat eine unglaubliche Willensstärke. Ich wünschte, ich hätte nur einen kleinen Teil seiner Konsequenz. Er zieht jeden Tag sein Training durch, er sitzt jeden Tag auf dem Ergometer, er macht jeden Tag seine Dehnungsübungen. Da gibt es keine Ausnahme. Er hat mir oft angeboten, auf dem Ergometer zu trainieren, aber ich mag das eher nicht. Zumindest mache ich jetzt auch mehr Dehnungsübungen. Er motivierte mich einfach dazu, weil er sein Programm ohne Abstriche jeden Tag durchgezogen hat."

Und was stört dich am Zimmerpartner Hermann Maier? *"Schwierig zu sagen. Letztlich hat doch jeder seinen eigenen Rhythmus, nach dem er lebt. Ich liege zum Beispiel vor einem Weltcuprennen um zehn Uhr abends im Bett, ich will da einfach meine Ruhe haben. Er kommt frühestens um Viertel nach elf ins Zimmer. Das könnte ich nie, und das kann ich nicht nachvollziehen, aber es ist sein Rhythmus. Es stört mich nicht weiter, aber man muß sich arrangieren, wenn jeder seinen Rhythmus lebt."*

Euch beiden sagt man ein gewisses Phlegma nach. Immerhin seid ihr zwei ja beim Weltcup-Start 1997 in Tignes zu spät zur Auslosung gekommen. Verbindet das? *"Das mit der Auslosung werde ich wohl noch lange hören. Wir waren im Zimmer, hörten Musik und waren total entspannt. Es war das erste Saisonrennen, und keiner dachte daran, daß nun die Auslosung der Startnummern beginnt. Irgendwann hat uns der Masseur gefragt, ob wir morgen nicht starten. Aber da war es schon zu spät."*

Die Tage bei Arnie

Der erste Kontakt mit Arnold Schwarzenegger kam in Japan zustande. Er sah offenbar meinen Sturz bei der Abfahrt im Fernsehen, worauf er sich bei meinen Eltern meldete. Den Kontakt vermittelte, glaube ich, der Franz Weber, der frühere Speed-Skifahrer, der jetzt in Reno in den USA lebt. Von dort aus macht er für mich mein Management in den USA. Ich kann ja nicht ständig hin- und herfahren.

Den ersten, den Arnie am Telefon erwischte, war unser Pressemann Manfred Kimmel. Über ihn richtete er mir die Grüße aus, und über ihn erfolgte auch die Einladung. Die Geschichte aus einigen Zeitungen, daß wir miteinander telefoniert hätten, stimmt so leider nicht. Dennoch wünschte er mir für die weiteren Bewerbe in Nagano viel Glück. Ich wollte gerne seine Einladung annehmen, aber nach Japan folgte der Weltcup in Südkorea, das Weltcup-Finale, die österreichischen Meisterschaften mit Startverpflichtung und so weiter. Ich sagte nur, daß es sich nicht so schnell ausgehen würde, doch manche interpretierten das so, daß ich gesagt hätte, er solle nach Österreich kommen, wenn er mich kennenlernen will. Da war er im ersten Moment sogar etwas verärgert darüber, aber das Mißverständnis klärte sich auf.

Im April hatten wir dann ein bißchen mehr Zeit, und ich flog mit meinem Bruder via Wien und Zürich nach Los Angeles. Am Flughafen von L. A. stand dann schon ganz vornehm eine lange Stretch-Limousine für uns bereit, und einige Journalisten amerikanischer TV-Stationen warteten schon. Es war ein großartiger Empfang, und auch die weiteren Tage sollten sich gut entwickeln. Wir wohnten in einem wunderbaren Hotel in der Innenstadt von Los Angeles. Den Flug hatte die „Planet-Hollywood"-Kette gezahlt, dafür war dort auch ein Auftritt vereinbart. Daneben hat Arnold Schwarzenegger noch sein eigenes Restaurant, das „Schatzi".

Nach der Ankunft am Nachmittag fuhren wir gleich einmal mit Inline Skates durch die Gegend, um uns nach dem langen Flug etwas aufzulockern. Um drei Uhr nachmittag rief mich einer der Regisseure der Sendung an, wir telefonierten gut eine halbe Stunde. Er wollte nichts besonderes wissen; ich glaube, er wollte nur abklären, wie gut ich englisch spreche.

Am ersten Abend lernte ich dann Arnold Schwarzenegger endlich persönlich kennen. Wir waren in seinem Haus zu Gast, da waren auch seine Frau Maria und Schwarzeneggers Mutter Aurelia. Die hatte gleich zur Begrüßung Wiener Schnitzel und Apfelstrudel gemacht. Es war eine größere Runde bei ihm zu Hause, ein deutscher Bodybuilder war dabei und ein Tiroler Skilehrer, das war Schwarzeneggers Privat-Skilehrer. Und dann auch noch der Bruder seiner Frau und der Cousin von Arnie. Es war mehr oder weniger eine Österreicher-Runde.

Es ist ein optimales Haus, mit viel Grund, einem großen Pool und einem großen Garten, wie es in Beverly Hills normal zu sein scheint. Wenn ich das in Flachau nachbauen möchte, dann hätte der Bürgermeister wenig Freude. Der Garten sieht mehr wie ein Dschungel als wie ein Garten aus, du wartest da gleich auf die Krokodile, die aus irgendeiner Ecke hervorkommen.

Am nächsten Tag, dem Donnerstag, folgte der eigentliche Anlaß für den Besuch: Arnold und ich waren zu Gast in der Jay-Leno-Show. Am Vormittag war noch ein Empfang im Planet Hollywood angesetzt. Da stiegen sich die Leute fast auf die Füße, so viele waren da. Darunter auch ziemlich viele Schauspieler, leider kenne ich nicht alle. Ausgerechnet dort traf ich den Klaus Heidegger, den früheren österreichischen Skirennläufer. Der war seit dem Ende seiner Karriere bis heute nie mehr auf Skiern gestanden. Er war einst beim Weltcup-Finale aus der Bindung gestiegen und schnallte die Latten nie mehr wieder an. Nach seiner Ski-Karriere heiratete er in eine der reichsten US-Familien ein – um seine Zukunft braucht er sich keine Sorgen zu machen.

Da sah ich zum ersten Mal gehäuft Pärchen auftreten, die, um es vorsichtig zu sagen, ziemlich ungleich waren. Die Mädels waren so 20 bis 25 Jahre alt und kamen mit den 80jährigen Filmdirektoren zum Empfang. Das waren aber nicht nur ein, zwei Paare, das war fast die Regel. Ich überlegte auch, was die älteren Herren so interessant macht. Auf jeden Fall haben sie eine andere Haarfarbe als ich, vielleicht ist es das.

Die Jay-Leno-Show wurde schon um fünf Uhr nachmittag aufgezeichnet, weil sie im Osten zwei Stunden früher mit dem Programm anfangen. Kurz vor dem Auftritt kam Jay Leno ganz locker in die Garderobe, und wir plauderten ein bißchen. Ich dachte, jetzt präsentiert er mir die Fragen, aber dem war nicht so.

Beim Warten und Schminken in der Garderobe fiel mir erst auf, wieviele Österreicher da beschäftigt waren. In der Maske arbeitete ein österreichisches Ehepaar, der Regisseur war aus Österreich – es war fast wie im ORF. Die meisten konnten sich an meinen Sturz in Hakuba erinnern und gratulierten mir. Ich weiß nicht, ob sie zu Gold gratulierten oder zum Umstand, daß ich den Sturz überlebt hatte. Jedenfalls hatten wir viel Spaß und unterhielten uns praktisch nur auf Deutsch, bis es hieß, daß wir mit unserem Auftritt an der Reihe wären.

Ich war weit nervöser als vor einem Weltcup-Rennen. Im Skisport mache ich ja letztlich, was ich schon kann. Doch jetzt wußte ich nicht, was auf mich zukam. Ich erinnerte mich an das Telefonat mit dem Regisseur am Tag zuvor, da hatte er mir so in Grundzügen erklärt, was sich in der Show abspielen würde. Die einzelnen Fragen oder den genauen Ablauf wußte ich nicht. Ich versuchte trotzdem schlagfertig zu sein, aber wenn du die Show in einer anderen Sprache abwickelst, dann klappt das nicht so. Wirklich schlagfertig kannst du wahrscheinlich nur in deiner eigenen Sprache sein.

„L. A. ist eine kleine Stadt"

Leno: Bitte, heißt Hermann Maier willkommen! *(Maier kommt zur Olympia-Kennmelodie herein)*
Leno: Nimm Platz. Also, du bist der Herminator – tut es eigentlich weh, das Video mit dem Sturz anzuschauen, kannst du das überhaupt?

Maier: Ich will das Videoband selbst nicht anschauen, nur den Film, der drauf ist. Es ist mir zu mühsam, immer nur eine Videokassette von außen anzuschauen.
Leno: Ich meine, als du so durch die Luft flogst, erinnerst du dich an irgendwas, als du sozusagen buchstäb-

lich die Strecke verlassen hast, erinnerst du dich, was dir da in den Sinn kam?
Maier: Naja, vielleicht war ich bei der Kurve ein bißchen zu schnell. Ich bin da geflogen und hab' mir gedacht, das ist doch nicht das gleiche wie mit United Airlines, und bin gestürzt, aber im tiefen Schnee war das schon okay.
Leno: Hast du dich verletzt? Du bist wieder aufgestanden!
Maier: Na ja, vielleicht war die Schulter gebrochen, aber im Fernsehen ist's okay.
Leno: (macht ihn leicht nach) Och, nur eine gebrochene Schulter, na Gott sei dank! Arnold hat dich gleich nachher angerufen, stimmt's?
Maier: Ja, er hat angerufen.
Leno: Wie war das? Du bist da im Hotelzimmer und denkst dir: Na, das hab' ich versaut, meine große Chance hab' ich verloren. Oder hast du das gar nicht gedacht und nur gedacht, ich gehe da wieder zurück? Was hast du gedacht, als er dich anrief?
Maier: Ich war sehr überrascht, Arnold hat mich angerufen und gesagt: „Geh' zurück und terminiere diesen Berg." Und danach hat er gesagt: „Wenn du eine Goldmedaille gewinnst, zeig' sie mir."
Leno: Warst du schon vorher ein Fan von Arnold?

Maier: Yeah, sicher, da war ich acht Jahre alt.
Schwarzenegger (lacht schallend): Ist schon in Ordnung, ich kann's verkraften!
Leno: Also, dein Opa hat dir schon von Arnold erzählt?
Maier: Er sieht ihm ähnlich, nur etwas größer vielleicht.
Leno: Also, du gehst zurück und gewinnst zwei Goldmedaillen. Hatten dich die Leute schon abgeschrieben? So ungefähr: Das war's und das wird nichts mehr, oder warst du noch entschlossener?
Maier: In der österreichischen Presse war es ein bißchen ein Problem für mich, ich war unter Druck, und da dachte ich mir, ich muß zurück die Goldmedaille gewinnen.
Leno: Die haben dir Spitznamen gegeben, die österreichische Presse, die ausländische Presse, sie haben dich Monster genannt. Du scheinst ein netter Mensch zu sein. Warum dann die Spitznamen?
Maier: Vielleicht schau' ich jetzt gut aus, aber vielleicht schau' ich mitten in der Nacht wie ein Monster aus!
Leno: Woher kommst du in Österreich? Aus einer großen Stadt oder einer kleinen?
Maier: Klein. Flachau. Dort wohnen 2.600 Leute.

> *Leno:* Deine Eltern müssen sehr stolz auf dich sein.
> *Maier:* Ich glaube schon.
> *Leno:* Arnold hat gesagt, daß du zweimal aus dem Team geschmissen wurdest.
> *Maier:* Nein, einmal. Ich hatte Probleme mit den Knien, konnte nicht trainieren. Also lernte ich mit 16 Maurer und war bis 22 Maurer.
> *Leno:* Um die Muskeln aufzubauen?
> *Maier:* Um ein Haus aufzubauen.
> *Leno:* Ein Bursch vom Land, aus den Bergen, erster Besuch in Los Angeles – was hältst du davon? Ist es seltsam?
> *Maier:* Es ist okay in L. A., es ist eine kleine Stadt.
> *Leno:* Ich weiß, daß du deine Ski gespendet hast, die sind nun in Arnolds Restaurant ausgestellt. Was sind das für Ski? Sind das die, mit denen du gestürzt bist, oder die, auf denen du gewonnen hast?
> *Maier:* Das sind die, die ich für Arnold gekauft habe. Arnold sagt aber, es sind die, auf denen ich gewonnen habe.
> *Leno:* Und wo sind die, auf denen du gestürzt bist?
> *Maier:* Vermutlich im Müll.
> *Leno:* Hast du deine Medaillen bei dir – trägst du sie mit dir herum? *(Maier zieht sie aus der Hosentasche)* Und, wie funktioniert das in einer Bar, wenn dir eine Frau gefällt, gehst du dann hin und sagst: „Ja, gut, medal, ja"?
> *Maier:* Nein! Aber falls ich meine Tasche verloren habe und ich will einen Drink, dann verwende ich sie …
> *Leno:* Weißt du was, du bist ein großer Sportler. Danke, Arnold, daß du ihn mitgebracht hast!
>
> *Quelle: Der Standard*

So wie die Amerikaner einen Hang dazu haben, alles zu übertreiben, übertrieben sie es auch in der Show. Bei jeder Antwort von mir klatschten, brüllten oder tobten sie, es war schon fast egal, was ich sagte. Das machte es mir ein bißchen leichter. So dachte ich mir: Sagst du halt noch mehr Blödsinn, das wird sie wahrscheinlich noch mehr faszinieren. Die Show war unglaublich schnell vorbei, es dauerte maximal eine Viertelstunde.

Danach fuhren wir zum Essen, immer mit der riesigen Limousine. Erst stieg der Arnie aus, und dann spazierte ich in meinem Trachtenjanker hinterher.

Das Abendprogramm war dicht gedrängt, denn am späteren Abend war eine Filmpremiere. Der Bruder von Schwarzeneggers Frau hatte den Streifen für einen Privatsender gemacht, und das wurde an diesem Abend gefeiert. Ich hatte keine Ahnung, worum es ging. Das weiß ich heute auch noch nicht so genau. Auf jeden Fall hatte ich noch nie mehr Blut gesehen als in diesem Film. Mir war danach fast schlecht. Aber anscheinend ist das in den Staaten recht gefragt, alle anderen waren nämlich begeistert.

Danach gab es wieder eine Premierenfeier in Wolfgang Pucks „Spago". Die Prominenten stiegen sich gegenseitig auf die Zehen, um zu sehen und gesehen zu werden. Der Rod Stewart war da und auch Goldie Hawn. Wahrscheinlich waren noch mehr Prominente da, aber die zwei kannte ich wenigstens. Da erlebte ich noch einmal, wie sich die älteren Herren um das leibliche Wohl der ganz jungen Nachwuchstalente und Filmsternchen kümmerten. Wir ließen uns davon aber nicht ablenken, wir aßen eher mehr, tranken und feierten die Show, von der alle behaupteten, daß sie überaus gelungen wäre. Auch wenn ich kein so ausgeprägter USA-Fan bin, so muß ich doch zugeben, daß das Leben, das Arnie in Los Angeles führt, ziemlich okay ist.

Nach der Show erkannten mich plötzlich viel mehr Leute. Einige kamen sogar im Restaurant an meinen Tisch und sprachen mich an. Die hatten die Show gesehen, und fast alle erinnerten sich an den Sturz bei den Olympischen Spielen. Der scheint in den USA ein richtiger Renner im Fernsehen gewesen zu sein. Wenn ich gewußt hätte, daß man mit einem Sturz so berühmt werden kann, wäre es vielleicht gescheiter gewesen, das vorher zu trainieren – vielleicht wäre ich noch einen Meter weiter gekommen. Es war noch ein recht witziger Abend.

Vielleicht hatte es auch mit dem Sturz zu tun, daß mich im Frühjahr der amerikanische Skiort Vail als Werbeträger verpflichten wollte. Bisher hatte man in diesem Skiort mit Alberto Tomba zusammengearbeitet, und für die WM 1999 war man auf der Suche nach einem anderen Sportler. Aber wenn man selbst aus einem Skigebiet stammt, ist es nicht einfach, für ein anderes Skigebiet zu werben. Jedenfalls hat mir der Aufenthalt in den USA gezeigt, daß ich auch in Amerika nicht ganz unbekannt bin, und das ist ein Grund mehr, sich auf die WM im Februar 1999 in Vail zu freuen.

Anhang

Statistik + Daten

Alle Weltcupsieger der Herren mit Punkteanzahl*				
1967:	Jean-Claude Killy (FRA)	225	1983: Phil Mahre (USA)	285
1968:	Jean-Claude Killy (FRA)	200	1984: Pirmin Zurbriggen (SUI)	256
1969:	Karl Schranz (AUT)	182	1985: Marc Girardelli (LUX)	262
1970:	Karl Schranz (AUT)	182	1986: Marc Girardelli (LUX)	294
1971:	Gustav Thöni (ITA)	155	1987: Pirmin Zurbriggen (SUI)	339
1972:	Gustav Thöni (ITA)	154	1988: Pirmin Zurbriggen (SUI)	310
1973:	Gustav Thöni (ITA)	168	1989: Marc Girardelli (LUX)	407
1974:	Piero Gros (ITA)	181	1990: Pirmin Zurbriggen (SUI)	357
1975:	Gustav Thöni (ITA)	250	1991: Marc Girardelli (LUX)	242
1976:	Ingemar Stenmark (SWE)	249	1992: Paul Accola (SUI)	1699
1977:	Ingemar Stenmark (SWE)	339	1993: Marc Girardelli (LUX)	1379
1978:	Ingemar Stenmark (SWE)	150	1994: Kjetil-Andre Aamodt (NOR)	1392
1979:	Peter Lüscher (SUI)	186	1995: Alberto Tomba (ITA)	1150
1980:	Andreas Wenzel (LIE)	204	1996: Lasse Kjus (NOR)	1216
1981:	Phil Mahre (USA)	266	1997: Luc Alphand (FRA)	1130
1982:	Phil Mahre (USA)	309	1998: Hermann Maier (AUT)	1685

*) In der Saison 1991/92 wurde die Zählweise umgestellt und die Punkteanzahl vervierfacht: Seither gibt es für die Plätze eins, zwei, drei usw. statt 25, 20, 15 Punkten von da an 100, 80, 60 Punkte usw.

Statistik + Daten

Zum Weltcupsieger in 38 Rennen

Saison 1995/96

1)
10.02.1996, Riesentorlauf Hinterstoder
1. Michael von Grünigen (SUI), 2:40,61
26. Hermann Maier, 4,48 sec. Rückstand

2)
7.03.1996, Super G Lillehammer
1. Kjetil-Andre Aamodt (NOR), 1:33,15
11. Hermann Maier, 1,64 sec.

3)
9.03.1996, Riesentorlauf Lillehammer
1. Urs Kälin (SUI), 2:12,44
- Hermann Maier ausgefallen

Saison 1996/97

4)
27.10.1996, Riesentorlauf Sölden
1. Steve Locher (SUI), 2:03,20
- Hermann Maier ausgefallen

5)
25.11.1996, Riesentorlauf Park City
1. Josef Strobl (AUT), 2:31,42
6. ex aequo Urs Kälin (SUI) und Hermann Maier, je 1,18 sec.

6)
30.11.1996, Riesentorlauf Breckenridge
1. Frederik Nyberg (SWE), 2:11,83
22. Hermann Maier, 2,76 sec.

7)
22.12.1996, Riesentorlauf Alta Badia
1. Michael von Grünigen (SUI), 2:32,66
16. Hermann Maier, 3,50 sec.

8)
5.01.1997, Riesentorlauf Kranjska Gora
1. Michael von Grünigen (SUI), 2:13,42
14. Hermann Maier, 3,01 sec.

9)
11.01.1997, Abfahrt Chamonix
1. Kristian Ghedina (ITA), 2:01,56
- Hermann Maier gestürzt

10)
21.02.1997, Super G Garmisch Partenkirchen
1. Luc Alphand (FRA), 1:15,32
2. Hermann Maier, 0,55 sec.

11)
23.02.1997, Super G Garmisch Partenkirchen
1. Hermann Maier, 1:21,64
2. Kristian Ghedina (ITA), 0,52 sec.

12)
2.03.1997, Super G Kvitfjell
1. Josef Strobl (AUT), 1:24,95
3. ex aequo Luc Alphand (FRA) und Hermann Maier, je 1,07 sec.

13)
8.03.1997, Riesentorlauf Shiga Kogen
1. Michael von Grünigen (SUI), 2:41,68
12. Hermann Maier, 1,79 sec.

14)
13.03.1997, Super G Vail
1. Andreas Schifferer (AUT), 1:33,76
19. Hermann Maier, 1,54 sec.

15)
15.03.1997, Riesentorlauf Vail
1. Michael von Grünigen (SUI), 2:18,58
4. Hermann Maier, 2,20 sec.

Saison 1997/98

16)
24.10.1997, Parallelrennen Tignes
Finale: Josef Strobl (AUT) schlägt Kjetil-Andre Aamodt (NOR)
Platz drei: Hermann Maier schlägt Sigi Voglreiter (AUT)

17)
26.10.1997, Riesentorlauf Tignes
1. Michael von Grünigen (SUI), 2:24,29
2. Hermann Maier, 0,97 sec.

18)
20.11.1997, Riesentorlauf Park City
1. Hermann Maier, 2:43,99
2. Kjetil-Andre Aamodt (NOR), 1,80 sec.

19)
4.12.1997, Abfahrt Vail / Beaver Creek
1. Kristian Ghedina (ITA)
9. Hermann Maier, 0,92 sec.

20)
5.12.1997, Abfahrt Vail / Beaver Creek
1. Andreas Schifferer (AUT), 1:41,17
2. Hermann Maier, 0,17 sec

21)
6.12.1997, Super G Vail / Beaver Creek
1. Hermann Maier, 1:16,20
2. Stefan Eberharter (AUT), 0,36 sec.

22)
14.12.1997, Riesentorlauf Val-d'Isère
1. Michael von Grünigen (SUI), 2:29,48
– Hermann Maier als Erster disqualifiziert

23)
21.12.1997, Riesentorlauf Alta Badia
1. Christian Mayer (AUT), 2:20,97
2. Hermann Maier, 0,66 sec.

24)
29.12.1997, 1. Abfahrt Bormio
1. Hermann Maier, 2:01,59
2. Andreas Schifferer (AUT), 0,03 sec.

25)
30.12.1997, 2. Abfahrt Bormio
1. Andreas Schifferer (AUT), 2:01,44
2. Hermann Maier, 0,75 sec.

26)
3.01.1998, Riesenslalom Kranjska Gora
1. Christian Mayer (AUT), 2:12,70
2. Hermann Maier, 0,52 sec.

27)
6.01.1998, Riesenslalom Saalbach-Hinterglemm
1. Hermann Maier, 2:37,96
2. Alberto Tomba (ITA), 2,44 sec.

28)
10.01.1998, Super G Schladming
1. Hermann Maier, 1:14,95
2. Stefan Eberharter (AUT), 1,15 sec.

29)
11.01.1998, Super G Schladming
1. Hermann Maier, 1:06,84
2. Andreas Schifferer (AUT), 1,19 sec.

30)
13.01.1998, Riesentorlauf Adelboden
1. Hermann Maier, 2:20,08
2. Michael von Grünigen (SUI), 1,24 sec.

31)
16.01.1998, Abfahrt Wengen
1. Hermann Maier, 1:44,89
2. Nicolas Burtin (FRA), 0,68 sec.

32)
17.01.1998, Abfahrt Wengen
1. Andreas Schifferer (AUT), 2:28,32
3. Hermann Maier, 1,33 sec.

33)
18.01.1998, Slalom Veysonnaz
1. Thomas Stangassinger (AUT), 1:38,12
10. Hermann Maier, 2,00 sec.

34)
18.01.1998, Kombination Abfahrt/Slalom Veysonnaz
1. Hermann Maier, 3:25,01
2. Bruno Kernen (SUI), 2,62 sec.

35)
31.01.1998, Abfahrt Garmisch-Partenkirchen
1. Andreas Schifferer (AUT), 1:54,82
2. Hermann Maier, 0,75 sec.

36)
1.02.1998, Super G Garmisch-Partenkirchen
1. Hermann Maier, 1:19,79
2. Hans Knauss (AUT), 0,91 sec.

37)
28.02.1998, Riesentorlauf Yong Pyong
1. Michael von Grünigen (SUI), 2:22,35
2. Hermann Maier, 0,66 sec.

38)
14.03.1998, Riesentorlauf Crans Montana
1. Stefan Eberharter (AUT), 2:22,97
3. Hermann Maier, 0,92 sec.

Weltcup-Endstand 1998:
1. Hermann Maier (AUT), 1685 Punkte
2. Andreas Schifferer (AUT), 1114 Punkte
3. Stefan Eberharter (AUT), 1036 Punkte

Alle Medaillengewinner der Alpin-Bewerbe von Nagano 1998

Abfahrt

	Herren		Damen
Gold	Jean-Luc Cretier (FRA)	Gold	Katja Seizinger (GER)
Silber	Lasse Kjus (NOR)	Silber	Pernilla Wiberg (SWE)
Bronze	Hannes Trinkl (AUT)	Bronze	Florence Masnada (FRA)

Super G

	Herren		Damen
Gold	Hermann Maier (AUT)	Gold	Picabo Street (USA)
Silber	Hans Knauss (AUT)	Silber	Michaela Dorfmeister (AUT)
Bronze	Didier Cuche (SUI)	Bronze	Alexandra Meißnitzer (AUT)

Riesenslalom

	Herren		Damen
Gold	Hermann Maier (AUT)	Gold	Deborah Compagnoni (ITA)
Silber	Stefan Eberharter (AUT)	Silber	Alexandra Meißnitzer (AUT)
Bronze	Michael von Grünigen (SUI)	Bronze	Katja Seizinger (GER)

Slalom

	Herren		Damen
Gold	Hans-Petter Buraas (NOR)	Gold	Hilde Gerg (GER)
Silber	Ole-Christian Furuseth (NOR)	Silber	Deborah Compagnoni (ITA)
Bronze	Thomas Sykora (AUT)	Bronze	Zali Steggall (USA)

Kombination

	Herren		Damen
Gold	Mario Reiter (AUT)	Gold	Katja Seizinger (GER)
Silber	Lasse Kjus (NOR)	Silber	Martina Ertl (GER)
Bronze	Christian Mayer (AUT)	Bronze	Hilde Gerg (GER)

PHYSISCH-MOTORISCHER-TEST

NAME *MAIER HERMANN* DATUM *6. 11. 85.*
JAHRGANG *1972*

BEWERTUNG

1. LIEGESTÜTZ	sehr gut
2. RUMPFHEBEN RÜCKENLAGE	sehr gut
3. RUMPFHEBEN BAUCHLAGE	sehr gut
4. DREIERHOP AUS SCHRITTSTELLUNG	gut
5. GEWANDTHEITSLAUF	befriedigend
6. 30 m SPRINT	—
7. BEWEGLICHKEIT D. WIRBELSÄULE	befriedigend

GESAMTBEURTEILUNG	gut

DL 2680m (Gelände)
Zeit: *11. 54. 1*

TRAININGSPROGRAMM — Saison 97/98
Olympiastützpunkt Salzburg Obertauern
Heini Bergmüller

Mesozyklus VIII — 2. Woche/Datum: 19. - 25.1.1998 — Name: H. Maier

VORMITTAG

	Montag	Dienstag	Mittwoch	Donnerstag	Freitag	Samstag	Sonntag
	PAUSE	TE/1 LABOR CK/UREA Ärztliche Untersuchung ERGOMETER 3 x 30 min. KB P. 5 min. DLÖ 30 min. LAKTATKONTROLLEN	KITZBÜHEL	TE/1 LABOR CK/UREA Gewichtskontrolle BIA-Körperanalyse L. B. ERGOMETRIE ERGOMETER 2 x 20 min. KB P. 5 min. DLÖ 30 min. LAKTATKONTROLLEN THERAPIE	TE/1 LABOR CK/UREA ERGOMETER 30 min. KB DLÖ 15 min. AKA Rumpf: 3 Ü á 2 Serien BEUGER: 5 Serien á 10 WH P. á 3 min. EB. Knieb. 6 Serien á 5 WH P. á 6 min. ROWING TORSO: 3 Serien á 12 WH P. á 4 min. 15 min. KB	TE/1 LABOR CK/UREA Ärztliche Kontrolluntersuchung ERGOMETER 3 x 30 min. KB P. á 5 min. DLÖ 30 min. LAKTATKONTROLLEN THERAPIE	PAUSE

NACHMITTAG

	Montag	Dienstag	Mittwoch	Donnerstag	Freitag	Samstag	Sonntag
		ANREISE KITZBÜHEL	RÜCKREISE KITZBÜHEL	TE/2 ERGOMETER 3 x 30 min. KB P. á 5 min. LAKTATKONTROLLEN DLÖ 30 min. THERAPIE	TE/2 DLÖ 20 min. LAKTATKONTROLLEN ERGOMETER 20 min. KB DLÖ 15 min. 3 x 10 min. KRAFTAUSDAUER/SB P. á 5 min. 20 min. KB DLÖ 30 min. LAKTATKONTROLLEN THERAPIE	TE/2 ERGOMETER 15 min. KB DLÖ 15 min. 1 x 10 min. KRAFTAUSDAUER/SB 2 x 5 min. KRAFTAUSDAUER/EB P. á 5 min. 15 min. KB DLÖ 20 min. SAUNA Dampfbad	TE/1 LABOR CK/UREA ERGOMETER 30 min. KB DLÖ 15 min. AKA Rumpf: 5 Ü á 2 Serien EB Knieb.: 5 Serien á 5 WH P. á 6 min. 30 min. KB DLÖ 30 min. LAKTATKONTROLLEN ABEND Flug n. WIEN ÖOC Einladung

A 5562 Obertauern 154   Phone: 0043-0000/0000   Fax: 0043-0000/0000-0   Mobil: 0043-000/000 00 00

Statistik + Daten

TRAININGSPROGRAMM Saison 97/98

Olympiastützpunkt Salzburg Obertauern
Heini Bergmüller

Mesozyklus IV   **3. Woche/Datum: 29.9. - 5.10.1997**   **Name: H. Maier**

	Montag	Dienstag	Mittwoch	Donnerstag	Freitag	Samstag	Sonntag
VORMITTAG	TE/1 LABOR CK/UREA ERGOMETER 4 x 30 min. KB P. á 5 min. DLÜ 30 min. LAKTATKONTROLLEN	TE/1 LABOR CK/UREA ERGOMETER 3 x 30 min. KB P. á 5 min. DLÜ 30 min. LAKTATKONTROLLEN	TE/1 LABOR CK/UREA ERGOMETER 2 x 30 min. KB P. 5 min. DLÜ 30 min. LAKTATKONTROLLEN	P A U S E	TE/1 LABOR CK/UREA EF 20 min. KB DLÜ 20 min. AKA Rumpf 3 Ü á 2 Serien BEUGER: 5 Serien á 10 WH P. á 3 min. EB Kniebeuge: 6 Serien á 5 WH P. á 6 min. COMPEX: Beuger 1/3 AF 20 min. KB DLÜ 20 min. LAKTATKONTROLLEN	VORMITTAG PAUSE TE/1 LABOR CK/UREA LAUFBAND- ERGOMETRIE bis 14 km/h DLÜ 20 min.	PAUSE
NACHMITTAG	TE/2 ERGOMETER 15 min. KB DLÜ 10 min. 3 x 15 min. KRAFTAUSDAUER/SB P. á 5 min. 20 min. KB AKA Rumpf: 5 Ü á 2 Serien DLÜ 30 min. LAKTATKONTROLLEN	TE/2 DL 15 min. KB DLÜ 10 min. 3 x 15 min. SB P. á 5 min. 15 min. KB DLÜ 30 min. LAKTATKONTROLLEN	TE/2 ERGOMETER 2 x 30 min. DLÜ 20 min. AKA Rumpf: 5 Ü á 3 Serien COMPEX: Quadr. 9/5 DLÜ 30 min. LAKTATKONTROLLEN	TE/1 LABOR CK/UREA ERGOMETER 20 min. KB P. 5 min. DLÜ 15 min. 2 x 20 min. SB P. 5 min. 20 min. KB COMPEX: Quadr. 9/5 DLÜ 30 min. LAKTATKONTROLLEN	TE/2 ERGOMETER 20 min. KB P. 5 min. DLÜ 30 min.	TE/2 ERGOMETER 20 min. KB DLÜ 10 min. 1 x 15 min. KRAFTAUSDAUER/SB 4 x 5 min. KRAFTAUSDAUER/EB P. á 5 min. 20 min. KB COMPEX: Quadr. 9/5 DLÜ 30 min. LAKTATKONTROLLEN	KURSANREISE PITZTAL COMPEX: Quadr. 9/5

A 5562 Obertauern 154   Phone: 0043-0000/0000   Fax: 0043-0000/0000-0   Mobil: 0043-000/000 00 00

Erläuterungen zum Trainingsprogramm

Abkürzungen

TE 1 / TE 2: Trainingseinheit 1 bzw. 2
EF: einfahren
AF: ausfahren
DLÜ: Dehn- und Lockerungsübungen
AKA Rumpf: allg. Körperausbildung, Rumpfkräftigung
COMPEX: Gerät zur Anwendung der Elektromyostimulation;
   Programm 1/3 = Muskelaufbau
Programm 9/5 = Kapillarisierung
EB Kniebeuge: einbeinige Kniebeuge mit Zusatzbelastung (eine spezielle Form des Krafttrainings)
Ergometrie: Stufentest auf dem Laufband oder Fahrradergometer mittels Laktat- und Herzfrequenzmessung und Auswertung als Laktatleistungskurve (nach Pansold)

Begriffe des Ausdauertrainings

KB: Kompensierung
SB: Stabilisierung
Kraftausdauer/SB: Stabilisierung
Kraftausdauer/EB: Entwicklung

Laktatkontrollen

Intensitätskontrolle und Steuerung des Ausdauertrainings auf dem Laufband oder Fahrradergometer mittels Laktat- und Herzfrequenzmessung. Bewertung der Intensität des Krafttrainings (Maximal-, Schnellkraft- und Kraftausdauer) mittels Messung des Stoffwechselparameters Laktat.

Labor CK/UREA

Beurteilung der Gesamtbelastung und der Erholungsfähigkeit im Wochenverlauf (= summative Wirkung aller eingesetzten Trainingsmittel) durch Messung von Kreatinkinase und Harnstoff (ev. morgens und abends).
Beurteilung des Zustandes des für alle hohen Intensitäten im Bereich der Ausdauer und der Kraft notwendigen Kohlehydratspeichers (Aufdeckung eines Kohlehydratmangels, ungenügende Ernährung bei intensivem Training) durch Bestimmung des Harnstoffs.

Glossar

FIS

Steht für Federation Internationale de Ski (Int. Ski-Verband) mit Sitz in Oberhofen am Thunersee, Schweiz. Die FIS besteht aus mittlerweile rund hundert Mitgliedsverbänden weltweit. Seit Anfang der fünfziger Jahre bis zum Kongreß 1998 führte der Schweizer Wirtschaftsanwalt Marc Hodler den Verband, nunmehr der langjährige Generalsekretär Gianfranco Kasper. Die FIS kümmert sich um den Breitensport ebenso wie um die Entwicklung des Skisports und um den Rennsport. Weltcup und Europacup finden unter ihrer Führung statt. Zahlreiche Österreicher sitzen in den verschiedenen Gremien der FIS, darunter der frühere ÖSV-Präsident Arnold Koller im Vorstand, Toni Sailer im Weltcup-Komitee und der Kitzbüheler Notar Christian Poley, der dem Komitee für Regeln und Wettkampfkontrolle vorsteht. Daneben führt die FIS alle zwei Jahre alpine Weltmeisterschaften durch, die nächsten im Februar 1999 in Vail (Colorado) und im Jahr 2001 in St. Anton am Arlberg.

Neben den alpinen Ski-Rennläufern sind unter dem Dach der FIS auch die nordischen Sportler (Langlauf, Skispringen oder Nordische Kombination, die sich aus Langlauf und Skisprung zusammensetzt), die Snowboarder, die Freesytler und sogar die Grasski-Fahrer zusammengefaßt. Der Biathlon-Verband und der Skibob-Verband organisieren sich selbst. Es gibt auch eigene Weltmeisterschaften für die nordischen Skisportler (1999 in Ramsau/Steiermark), Freestyler, Biathleten usw. Damit werden bei olympischen Winterspielen rund zwei Drittel aller Medaillen aus Bereichen der FIS vergeben, das erklärt die hohe internationale Bedeutung, die dieser Verband innerhalb des Internationalen Olympischen Komitees (IOC) besitzt.

ÖSV

Hinter diesen drei Buchstaben verbirgt sich der Österreichische Ski-Verband, der in Innsbruck beheimatet ist. Wie sich die FIS aus ihren nationalen Mitgliedsverbänden zusammensetzt, so setzt sich der ÖSV aus den neun

Bundesländer-Verbänden zusammen. Präsident ist der Tiroler Unternehmer Prof. Peter Schröcksnadel. Der ÖSV kümmert sich ebenso um Breitensport wie Nachwuchsarbeit und, getrennt davon, um den Leistungssport. Das Renn-Budget (alpin und nordisch) beträgt rund hundert Millionen Schilling pro Winter. Davon werden Trainer, Betreuer, Masseure oder Trainingskurse finanziert. Die Rennläufer wiederum werden von „rennsportrelevanten" Firmen (Ski, Bindung, Stöcke, Brillen, Bekleidung) und Sponsoren bezahlt. Dem alpinen Rennsport-Bereich steht Hans Pum vor, dem nordischen Toni Innauer.

POOL

Wer in Österreich (wie in den meisten größeren Ski-Verbänden) einen Läufer ausrüsten will, muß im Austria Ski-Pool vertreten sein. Der Pool refinanziert somit einen großen Teil des Rennsports. Will zum Beispiel Atomic Hermann Maier unter Vertrag nehmen, muß Atomic Mitglied im Ski-Pool sein oder werden. Dafür werden eigene Mitgliedsbeiträge fällig. Über den Pool erfolgt auch ein Teil der Bezahlung der Rennläufer, vereinbarte Prämien für Plazierungen oder Siege gehen von der Firma an den Pool und weiter an den Läufer.

WELTCUP

Die Idee des alpinen Ski-Weltcups entstand im Sommer 1966 bei Trainingslagern und Einladungsrennen in Chile. Maßgeblicher Initiator und Betreiber war der französische Journalist Serge Lang, der danach auch über ein Jahrzent den Weltcup führte. Das erste Rennen fand im Januar 1967 auf dem Jenner im oberbayerischen Berchtesgaden statt, erster Weltcupsieger war Jean-Claude Killy (FRA) bei den Herren und Nancy Greene (KAN) bei den Damen.

Der Weltcup-Kalender wird jedes Jahr neu erstellt, wobei sich bei den Herren erst fünf und nunmehr sieben Klassiker herausgebildet haben, die jährlich vertreten sind: Das sind die Abfahrten von Val-d'Isère (F), Gröden (I), Kitzbühel (A), Wengen (CH) und Garmisch-Partenkirchen (D) sowie die technischen Bewerbe von Alta Badia (I) und Kranjska Gora (Slo).

Die erfolgreichsten Weltcup-Läufer und Läuferinnen waren Annemarie Moser-Pröll, die sechsmal den Gesamt-Weltcup gewinnen konnte (1971, 1972, 1973, 1974, 1975 und 1979) sowie Marc Girardelli bei den Herren, der als einziger bisher fünfmal (1985, 1986, 1989, 1991 und 1993) den Weltcup für sich entscheiden konnte.

Die erfolgreichsten Athleten nach Laufsiegen waren Moser-Pröll und Ingemar Stenmark. Der Schwede gewann in seiner einzigartigen Karriere 86 Rennen (46 Riesentorläufe, 40 Slaloms), gefolgt von Alberto Tomba (49 Rennsiege bis 1998). Moser-Pröll siegte 62mal (36 Abfahrten, 16 Riesentorläufe, 3 Slaloms, sieben Kombinationen), gefolgt von Vreni Schneider (SUI, 55 Siege).

EUROPACUP

Die zweite Liga des Skisports. Allerdings mit direkter Aufstiegsberechtigung: Wer in einer Europacup-Disziplin einen Platz unter den ersten drei in der Endwertung belegt, hat in dieser Disziplin im Jahr darauf einen Freiplatz im Weltcup. Damit diese Regel einerseits den jungen Fahrern oder aber andererseits Läufern nach einer Rehabilitation zu Gute kommt, sind die ersten Zwanzig der FIS-Rangliste von dieser Regelung ausgeschlossen.

WELTCUP-PUNKTE

Die ersten 30 Läufer eines Weltcup-Bewerbes erhalten Punkte. Die ersten drei bekommen 100, 80 beziehungsweise 60 Zähler gutgeschrieben, der 30. noch einen Punkt. Die Addition aller Punkte macht den Gesamt-Weltcupsieger aus. Nicht zu verwechseln damit sind die FIS-Punkte. Das ist eine Art interne Weltrangliste der FIS, die festlegt, welcher Läufer in welcher Disziplin in der Gruppe der besten 15 Fahrer vertreten ist. Praktische Auswirkung hat das in erster Linie auf die Startnummer. Steigt ein junger Läufer in den Weltcup ein, so beginnt er in der Rangliste ganz hinten und muß sich folglich auch bei den Rennen mit sehr hohen Startnummern zufriedengeben. Während für die Weltcup-Punkte nur Weltcup-Rennen zählen, werden für die FIS-Punkte alle Skirennen weltweit herangezogen. Die Wertigkeit eines Rennens richtet sich nach den FIS-Punkten der besten Fahrer im Feld. So bringt etwa ein FIS-Lauf, bei dem zahlreiche österreichische Nationalkader-Fahrer am Start sind, schon einiges an FIS-Punkten.

SERVICEMANN

Sie sind die guten Seelen im alpinen Skisport und oft genug die Sündenböcke. Eine besondere Vertrauensposition genießt der Servicemann, der dem Läufer die Ski präpariert. Auf seinen Rat verlassen sich die meisten Fahrer fast blind. Die Serviceleute müssen wiederum oft genug im letzten Moment bei sich ändernden

Bedingungen oder Temperaturen ihre Entscheidung treffen, was die Ski-Beschaffenheit betrifft, ebenso wie bei der Wahl des richtigen Wachses. Manchmal entsteht im Laufe der Jahre eine derartige Vertrauensposition zwischen Servicemann und Skirennläufer, daß der Läufer seinen Betreuer bei einem Ski-Wechsel sogar zu seiner neuen Firma mitnimmt.

Bildnachweis:

APA/EPA: Seite 140 (4)
Alois Furtner: Seite 53, Seite 142 (2), Seite 143 (2), Seite 144 (2)
GEPA pressefoto: Seite 138/139, Seite 194/195, Seite 196
Konrad Lagger: Seite 54 (2), Seite 193, Seite 197 (2)
Hermann Maier: Seite 49 (3), Seite 50 (2), Seite 51, Seite 52 (2), Seite 55 (2)
Foto Spieß: Seite 56 (2), Seite 198, Seite 199 (2), Seite 200
Carl Yarbrough Photography: Seite 140/141

© 1998 Franz Deuticke Verlagsgesellschaft m. b. H., Wien–München
Alle Rechte vorbehalten.
Fotomechanische Wiedergabe bzw. Vervielfältigung, Abdruck,
Verbreitung durch Funk, Film oder Fernsehen sowie Speicherung
auf Ton- oder Datenträger, auch auszugsweise,
nur mit Genehmigung des Verlags.
Lektorat, Gestaltung, Satz: Ekkehard Wolf
Herstellung: Josef Embacher
Umschlaggestaltung: Robert Hollinger
Umschlagfotos: Titelseite © News/Alois Furtner;
Rückseite © Konrad Lagger; Klappe © GEPA pressefoto
Druck: Ueberreuter Print und Digimedia GmbH, Korneuburg
Printed in Austria

ISBN 3-216-30410-8